Voltaire

Zadig ou o Destino

Voltaire

Zadig ou o Destino

TEXTO INTEGRAL

Tradução
Antonio Geraldo da Silva

2ª Edição

Editora Escala

EDITORA ESCALA
www.escala.com.br

Av. Profª Ida Kolb, 551 – Casa Verde
CEP 02518-000 – São Paulo – SP
Tel.: +55 (11) 3855-2100
Fax: +55 (11) 3857-9643
Internet: www.escala.com.br
E-mail: escala@escala.com.br
Caixa Postal: 16.381
CEP 02599-970 – São Paulo – SP

Título Original Francês
Zadig ou la Destinée

Diagramação: Kleber Ribeiro de Sousa
Revisão: Nídia Licia Ghilardi
Capa: Kleber Ribeiro de Sousa
Colaborador: Luciano Oliveira Dias
Coordenação Editorial: Ciro Mioranza

Índice

Apresentação

Voltaire gostava de tratar temas filosóficos, sociais, religiosos e morais por meio de contos. Escreveu dezenas deles não somente para expor suas idéias sobre determinado assunto, mas também para ressaltar sua opinião sobre temas controversos e, não poucas vezes, para responder a posições contrárias de pensadores de sua época. Com freqüência retrata personalidades de destaque na sociedade em seus contos, retrato velado sob o nome de um personagem que reproduz seu jeito, suas atitudes comportamentais, seu modo de pensar e mesmo de agir. Com Zadig não é diferente. Nesse conto podem ser reconhecidas várias personalidades do reino da França da época de Voltaire e, segundo comentaristas, o conto reflete a própria situação do reino francês prestes a cair no caos, na anarquia (o que, de fato, se verificou poucos anos depois da morte de Voltaire com a Revolução Francesa de 1789).

De qualquer forma, Zadig é a história de um cidadão de Babilônia, sempre envolvido em peripécias que o destino lhe reserva. Sua vida é feita de altos e baixos que se sucedem de uma maneira que, à primeira vista, parecem inconcebíveis e fora de propósito. Mas o destino é feito de surpresas. Aliás, ele próprio é uma surpresa, é o novo que evolui e involui, que se completa, se faz e se refaz, que abre seus caminhos onde não os há, que oferece e tira, que constrói e destrói, que alegra e entristece, que projeta o futuro, realiza o presente e leva a recair no passado. Apesar de tudo, plenifica e eterniza o ser humano. Todas essas questões e outras ainda, Voltaire trata em seu Zadig, o homem justo, honesto, sensato, sábio, virtuoso que, mesmo assim, sua vida se perfila num perde-ganha contínuo e interminável. Esse é o destino de Zadig. Não o será também de todos os homens?

Mas o que é o destino? É uma viagem pelos caminhos da vida? É uma fatalidade? É um decreto pré-escrito pela divindade? É uma trama urdida por não se sabe quem? É um condicionamento de nascença? É uma potência superior que conduz a seu bel-prazer e contra a qual não há como reagir? É um princípio inelutável de existência que percorre seus meandros incógnitos? Existe uma providência que o determinou para cada um? É um cabresto? É uma canga? É sempre bom ou por vezes bom e por vezes mau?

Zadig procura dar uma resposta a tudo isso. Zadig, natural de Babilônia, tece suas considerações a respeito do destino sob a ótica da filosofia oriental, mas Voltaire lhe dá umas pinceladas de filosofia ocidental. O autor não quer dar uma resposta definitiva ao problema proposto, mas o apresenta como uma força ora suscetível de ser domada, ora fora de controle e que perpassa e define a vida do homem. Cabe ao leitor concordar ou discordar, tirar suas conclusões.

Ciro Mioranza

Vida e Obras do Autor

Poeta, contista, romancista, teatrólogo, historiador, membro da Academia Francesa, Voltaire é o pseudônimo de François-Marie Arouet, nascido em Paris, no dia 21 de novembro de 1694. Foi aluno brilhante do colégio de Clermont, dirigido pelos jesuítas, padres que Voltaire passou a atacar virulentamente pelo resto da vida. Recém-formado, tentou dedicar-se à magistratura. Acusado de ser o autor de um panfleto político em versos, foi preso em 1717 e passou seis meses na famosa Bastilha. Na prisão começou a escrever seus livros. Em 1726, envolvido num incidente com o príncipe de Rohan-Chabot, foi parar outra vez na Bastilha. Libertado sob a condição de deixar a França, exilou-se na Inglaterra, onde viveu até 1729. Durante esse período de exílio, em seus novos escritos nota-se um Voltaire que imprime uma orientação reformadora em seu modo de pensar, na filosofia. *Suas Cartas Filosóficas ou Cartas da Inglaterra*, publicadas em 1734, provocaram enorme escândalo e Voltaire teve de refugiar-se num castelo, onde se entregou ao estudo e à elaboração de muitas de suas obras. Em 1749 voltou a Paris, cheio de glória e já conhecido e reconhecido como grande literato e filósofo na Europa inteira. A convite de Frederico II, rei da Prússia, transferiu-se para Berlim, de onde voltou em 1753, por causa de desentendimentos com o presidente da Academia de Berlim. Novos atritos e intrigas não lhe permitiram retornar a Paris. Refugiou-se então na Suíça, nos arredores de Genebra. Ali conseguiu atrair as iras de católicos e protestantes, por causa de novas obras publicadas. Sem poder fixar residência em parte alguma, perambulou por várias cidades suíças e francesas, até que, em 1758, adquiriu uma propriedade na região francesa de Gex, onde viveu tranqüilo e celebrado por seus concidadãos, pela intelectualidade de toda a Europa e mesmo por seus antigos adversários e críticos. Morreu no dia 30 de março de 1778, aos 84 anos de idade.

Principais obras:

A donzela de Orléans (1755)
A morte de César (1735)
Brutus (1730)
Cândido ou o Otimismo (1759)
Cartas Filosóficas (1734)
Dicionário Filosófico (1764 em diante)
Édipo (1718)
Ensaio sobre os costumes (1756)
Epístola a Urânio (1733)
História de Carlos XII (1731)
O Filósofo Ignorante (1766)
O Homem dos Quarenta Escudos (1768)
O Ingênuo (1767)
O século de Luís XIV (1751)
O templo do gosto (1733)
Poema sobre os desastres de Lisboa (1756)
Tancredo (1760)
Tratado sobre a Tolerância (1763)
Zadig ou o Destino (1747)
Zaire (1732)

Zadig ou o Destino

História Oriental

Carta Dedicatória de Zadig à Sultana Sheraa

Por Sadi

No dia 10 do mês de Schewal, no ano 837 da Hégira

Encanto das pupilas, tormento dos corações, luz do espírito, não beijo teus pés porque quase não caminhas ou, quando o fazes, caminhas sobre tapetes do Irã ou sobre rosas. Eu te ofereço a tradução de um livro de um sábio antigo que, tendo a felicidade de não ter nada a fazer, teve aquela de se divertir em escrever a história de Zadig, obra que diz mais do que parece dizer. Peço-te que a leias e tires tuas conclusões, pois, embora estejas na primavera de tua vida, embora todos os prazeres te procurem, embora sejas bela e que teus talentos se somam à tua beleza, embora sejas elogiada da manhã à noite e que, por todas essas razões, estejas no direito de não possuir o senso comum, entretanto tens o espírito muito sábio e o gosto muito refinado, além do que já te ouvi raciocinar melhor que velhos dervixes de longas barbas e chapéu pontudo. Tu és discreta e não és desconfiada; és doce sem ser fraca; és benfeitora com discernimento; amas teus amigos e não crias inimigos. Teu espírito não se presta jamais em se alegrar com tiradas maledicentes; não falas mal nem fazes mal, apesar da prodigiosa facilidade que terias para tanto. Enfim, tua alma sempre me pareceu pura como tua bondade. Tens até mesmo alguns rudimentos de filosofia que me levaram a crer que terias mais prazer que outra em ler esta obra de um sábio.

Foi escrita primeiramente em antigo caldeu que nem eu nem tu entendemos. Foi traduzida para o árabe para divertir o célebre sultão Ulug-beb. Era a época em que os árabes e os persas começavam a escrever as *Mil e Uma Noites*, os *Mil e Um Dias*, etc. Ulug preferia a leitura de *Zadig*, mas as sultãs preferiam os *Mil e Um*. "Como podem preferir, lhes dizia o sábio Ulug, contos que não têm sentido, que não significam nada? – É precisamente por isso que gostamos deles, respondiam as sultãs."

Orgulho-me em saber que não te assemelhas a elas e que serás um verdadeiro Ulug. Espero mesmo que, quando estiveres cansada de conversas genéricas, que se assemelham bastante aos *Mil e Um*, a ponto de serem menos divertidas, pudesse encontrar um minuto para ter a honra de te falar a respeito. Se fosses Talestris da época de Scander, filho de Filipe; se fosses a rainha de Sabá da época de Salomão, teriam sido esses reis que teriam empreendido a viagem para te ver.

Rogo às virtudes dos céus que teus prazeres sejam puros, tua beleza duradoura e tua felicidade sem fim.

Sadi

O Caolho

Nos tempos do rei Moabdar, havia em Babilônia um jovem chamado Zadig, nascido com um belo caráter, aprimorado pela educação. Embora rico e jovem, sabia moderar suas paixões; não era nada afetado; não pretendia ter sempre razão e sabia respeitar a fraqueza dos homens. Era de espantar que, com tanto espírito, jamais insultasse com gracejos por motivos vagos, incoerentes, criadores de tumulto, com essas maledicências temerárias, essas tiradas ignorantes, essas zombarias grosseiras, esse palavrório vazio, a tudo o que se chamava conversa em Babilônia. Havia aprendido, no primeiro livro de Zoroastro, que o amor próprio é um balão cheio de vento, do qual saem tempestades quando se dá uma alfinetada. Zadig não se vangloriava sobretudo de desprezar as mulheres e subjugá-las. Era generoso; não receava prestar serviços a ingratos, segundo o grande preceito de Zoroastro: "*Quando comeres, dá de comer aos cães, ainda que te mordam*". Era o mais sábio possível, pois procurava viver com os sábios. Instruído nas ciências dos antigos caldeus, não ignorava os princípios físicos da natureza, como eram conhecidos na época e sabia da metafísica o que se soube em todas as épocas, isto é, muito pouca coisa. Estava firmemente convicto de que o ano se compunha de trezentos e sessenta e cinco dias e um quarto, apesar da nova filosofia de seu tempo, e de que o sol estava no centro do mundo; quando os principais magos, com uma arrogância insultante, lhe diziam que tinha maus sentimentos e que era ser inimigo do Estado acreditar que o sol girava sobre si mesmo e que o ano tinha doze meses, ele se calava sem cólera e sem desdém.

Zadig, com grandes riquezas e, por conseguinte, com amigos, de boa saúde, de agradável aparência, espírito justo e moderado, um coração sincero e nobre, julgou que podia ser feliz. Devia casar-se com Semira, cuja beleza, nascença e fortuna a tornavam o primeiro partido de Babilônia. Dedicava a ela um firme e virtuoso afeto e Semira o amava com paixão. Aproximavam-se do feliz momento em que se haveriam de unir, quando, passeando juntos nas proximidades de uma das portas de Babilônia, sob as palmeiras que ornavam a margem do Eufrates, viram chegando na direção deles homens armados de sabres e flechas. Eram os auxiliares do jovem Orcan, sobrinho de um ministro, a quem os cortesãos do tio haviam feito acreditar que tudo lhe era permitido. Não tinha nenhuma das graças nem das virtudes de Zadig; mas, julgando valer muito mais, ficava desesperado por não ser o predileto. Esse ciúme, que só sua vaidade inspirava, o convencera de que amava Semira perdidamente. Queria levá-la embora. Os raptores a apanharam e, no arrebatamento de sua violência a feriram e fizeram correr o sangue de uma pessoa a cuja vista até os tigres do monte Imaús se haveriam de enternecer. Ela atravessava os ares com seus lamentos.

Ela bradava: "Meu querido esposo! Arrancam-me daquele que adoro." Não estava preocupada com seu próprio perigo; pensava apenas em seu caro Zadig. Este, ao mesmo tempo, a defendia com todas as forças que a coragem e o amor emprestam. Ajudado somente por dois escravos, pôs os raptores em fuga e levou para casa Semira, desfalecida e ensangüentada. Ao abrir os olhos, viu seu libertador e lhe disse: "Ó Zadig! Eu te amava como meu esposo e agora te amo como aquele a quem devo a honra e a vida".

Nunca houve coração mais comovido que o de Semira. Jamais boca mais encantadora exprimira sentimentos mais tocantes, com essas ardentes palavras que inspiram o sentimento da maior gratidão e o transporte mais terno do mais legítimo amor. Seus ferimentos eram leves; logo sarou. Zadig fora ferido mais gravemente; uma flechada perto de um olho lhe havia produzido um ferimento profundo. Semira só pedia aos deuses a cura de seu amado. Seus olhos estavam dia e noite banhados de lágrimas: esperava o momento em que aqueles de Zadig pudessem usufruir de seus olhares, mas um abscesso que se formou no olho ferido fez temer pelo pior. Mandaram chamar em Mênfis o grande médico Hermes que chegou com numeroso séquito. Visitou o enfermo e declarou que perderia o olho; predisse até dia e hora em que esse funesto acidente deveria ocorrer. "Se fosse o olho direito, disse, poderia curá-lo, mas os ferimentos no olho esquerdo são incuráveis". Toda Babilônia, lamentando o destino de Zadig, admirou a profundeza da ciência de Hermes. Dois dias depois, o abscesso se abriu por si e Zadig ficou completamente curado. Hermes escreveu então um livro, no qual lhe provou que não deveria ter sarado. Zadig não o leu, mas, logo que pôde sair, apressou-se em fazer uma visita àquela que alimentava a esperança de felicidade de sua vida e somente para quem queria conservar os olhos.

Fazia três dias que Semira estava no campo. Pelo caminho ele soube que essa bela jovem, depois de declarar abertamente sua insuperável aversão pelos caolhos, acabava de se casar com o próprio Orcan. A essa notícia, Zadig perdeu os sentidos; sua dor o levou à beira do túmulo; esteve doente por muito tempo, mas enfim a razão venceu sua aflição; e a atrocidade daquilo que experimentava serviu até mesmo para consolá-lo.

"Já que sofri, disse, tão cruel capricho de uma jovem da corte, devo me casar com uma burguesa." Escolheu Azora, a mais recatada e a mais bem nascida moça da cidade; desposou-a e viveu com ela um mês nos encantos da mais terna união. Apenas notava nela um pouco de leviandade e demasiado pendor a pensar sempre que os jovens mais bem feitos eram aqueles que tinham mais espírito e mais virtude.

O Nariz

Um dia Azora voltou de um passeio muito encolerizada e deixando escapar grandes exclamações.

– Que tens, minha querida esposa? Quem pode te deixar assim fora de ti mesma? – perguntou ele

– Ah! ficarias como eu – respondeu – se visses o espetáculo de que acabo de ser testemunha. Fui confortar a jovem viúva Cosru, que há dois dias erigiu um túmulo para seu jovem esposo, junto do riacho que banha essas pradarias. Em sua dor, prometeu aos deuses que ficaria junto do túmulo enquanto as águas desse riacho corressem ao lado.

– Pois bem! Disse Zadig, aí está uma mulher honrada que amava verdadeiramente seu marido!

– Ah! replicou Azora, se soubesses em que se ocupava quando fui visitá-la!

– Em que, minha bela Azora?

– Estava mandando desviar o riacho.

Azora se derramou em invectivas tão longas, explodiu em recriminações tão violentas, que essa ostentação de virtude não agradou a Zadig.

Ele tinha um amigo chamado Cador que era um desses jovens a quem sua mulher atribuía mais probidade e mérito que aos outros: fez dele seu confidente e se assegurou, como podia, de sua fidelidade, dando-lhe um valioso presente.

Azora, que passara dois dias no campo em casa de uma amiga, voltou para casa no terceiro dia. Criados em pranto lhe anunciaram que o marido morrera subitamente naquela noite e que não tinham tido coragem de levar-lhe essa infausta notícia, mas que acabavam de sepultá-lo no túmulo de seus pais, no fundo do quintal. Ela chorou, arrancou os cabelos e jurou morrer. À noite, Cador pediu permissão para lhe falar e os dois choraram.

No dia seguinte choraram menos e almoçaram juntos. Cador confessou que o amigo lhe deixara a maior parte de sua fortuna e deu a entender que a maior ventura, para ele, seria compartilhá-la junto com ela. A mulher chorou, se irritou e se acalmou; o jantar foi mais demorado que o almoço; falaram-se com mais confiança. Azora fez o elogio do defunto, mas confessou que Zadig tinha alguns defeitos dos quais Cador estava isento.

No meio do jantar, Cador se queixou de uma dor violenta no baço; a jovem viúva, inquieta e solícita, mandou trazer todas as essências com que se perfumava, a fim de ver se alguma não haveria de servir para a dor no baço; lamentou muito que o grande Hermes não estivesse mais em Babilônia; dignou-se até tocar o lado onde Cador sentia dores tão agudas.

– Estás sujeito seguidamente aos ataques dessa cruel doença? – perguntou ela, cheia de compaixão.

– Leva-me às vezes à beira do túmulo – respondeu Cador. Só há um remédio que me dá alívio: é aplicar no local o nariz de um homem falecido na véspera.

– Estranho remédio! disse Azora.

– Não mais estranho – respondeu – que os saquinhos do senhor Arnou[1] contra a apoplexia.

A esta razão, juntamente com os extraordinários méritos do jovem, a mulher finalmente se convenceu.

(1) Havia nessa época, um habitante de Babilônia, chamado Arnou, que curava e prevenia todos os ataques de apoplexia com um saquinho pendurado ao pescoço.

"Em todo caso – disse ela – quando meu marido, na ponte de Tchinavar, passar do mundo de ontem para o mundo de amanhã, será que o anjo Asrael deixará de lhe dar passagem, só porque seu nariz vai ser um pouco menos longo na segunda vida do que na primeira?"

Tomou, pois, uma navalha, foi ao túmulo do esposo, regou-o de lágrimas e se aproximou para cortar o nariz de Zadig, que encontrou estendido na tumba. Zadig se ergueu, defendendo o nariz com uma das mãos e detendo a navalha com a outra.

– Senhora, disse ele, não xingues mais tanto assim a viúva Cosru; o projeto de me cortar o nariz é igualzinho àquele de desviar um riacho.

O Cão e o Cavalo

Zadig reconheceu que o primeiro mês do casamento, como está escrito no livro de Zenda, é a lua-de-mel e que o segundo é a lua de fel. Pouco tempo depois viu-se obrigado a repudiar Azora, que se tornara muito difícil de aturar e procurou refúgio no estudo da natureza.

"Ninguém pode ser mais feliz, dizia, que um filósofo que lê nesse grande livro que Deus colocou diante de nossos olhos. As verdades que descobre lhe pertencem; alimenta e eleva a alma, vive tranqüilo; nada teme dos homens e sua terna esposa não vem lhe cortar o nariz".

Compenetrado nessas idéias, retirou-se para uma casa de campo às margens do rio Eufrates. Ali, não se ocupava em calcular quantas polegadas de água corriam por segundo sob os arcos de uma ponte, ou se caía uma medida cúbica de chuva a mais no mês do rato que no mês do carneiro. Não planejava fazer seda com teias de aranha, nem porcelana com garrafas quebradas, ma dedicou-se principalmente ao estudo das propriedades dos animais e das plantas e logo adquiriu uma agudeza que lhe desvendava mil diferenças onde os outros homens não viam nada a não ser uniformidade.

Um dia, passeando perto de um pequeno bosque, viu acorrer a ele um eunuco da rainha, seguido de vários oficiais que demonstravam a maior inquietação e que corriam de um lado para outro como homens desorientados que procuram o que de mais precioso perderam.

– Jovem, disse-lhe o primeiro eunuco, não viste o cão da rainha?

– É uma cadela, e não um cão, respondeu discretamente Zadig.

– Tens razão, voltou a falar o primeiro eunuco.

– É uma cadela caçadora muito pequena – acrescentou Zadig; – deu cria há pouco; manca com a pata dianteira esquerda e tem orelhas muito compridas.

– Então tu a viste? – perguntou o primeiro eunuco, esbaforido

– Não – respondeu Zadig – nunca a vi na minha vida e jamais soube que a rainha tivesse uma cadela.

Precisamente ao mesmo tempo, por um capricho fortuito da sorte, o mais belo cavalo dos estábulos do rei havia escapado das mãos do tratador, fugindo pelas pradarias de Babilônia. O grande monteador e todos os outros oficiais corriam à sua procura com tanta inquietação como o primeiro eunuco em busca da cadela. O grande monteador se dirigiu a Zadig e lhe perguntou se não havia visto passar o cavalo do rei.

– É – respondeu Zadig – o cavalo de melhor galope; tem cinco pés de altura e os cascos muito pequenos; a cauda mede três pés e meio de comprimento; o freio é de ouro de vinte e três quilates; e as ferraduras são de prata de onze dinheiros.

– Que direção tomou? Onde está? – perguntou o grande monteador.

– Não o vi – respondeu Zadig – e jamais ouvi falar nele.

O grande monteador e o primeiro eunuco não tiveram mais dúvidas de que Zadig houvesse roubado o cavalo do rei e a cadela da rainha; levaram-no perante a assembléia do grande Desterham, que o condenou ao *knut* e a passar o resto da vida na Sibéria. Mal se encerrara o julgamento, foram encontrados o cavalo e a cadela. Os juízes se viram na dolorosa obrigação de reformar sua sentença; mas condenaram Zadig a pagar quatrocentas onças de ouro, por haver dito que não havia visto o que tinha visto. Em primeiro lugar foi preciso pagar a multa; depois disso foi permitido a Zadig defender-se perante o conselho do grande Desterham. Falou nos seguintes termos:

"Estrelas de justiça, abismos de ciência, espelhos da verdade, vós que tendes o peso do chumbo, a dureza do ferro, o brilho do diamante e muita afinidade com o ouro, já que me é permitido falar perante esta augusta assembléia, juro por Orosmade que jamais vi a respeitável cadela da rainha, nem o sagrado cavalo do rei dos reis. Pois bem, foi isso que me aconteceu. Eu estava passeando perto do bosque onde me encontrei com o venerável eunuco e com o ilustre grande monteador. Vi na areia as pegadas de um animal e descobri facilmente que eram as de um pequeno cão. Sulcos leves e longos, impressos em pequenas saliências de areia entre os sinais das patas, me revelaram que se tratava de uma cadela cujas tetas estavam pendentes e que portanto havia dado cria há poucos dias. Outras marcas em sentido diferente, que pareciam sempre ter raspado a superfície da areia ao lado das patas dianteiras, me deram a entender que o animal tinha orelhas muito compridas; e, como notei que a areia era sempre menos aprofundada por uma das patas do que pelas três outras, compreendi que a cadela de nossa augusta rainha mancava um pouco, se assim ouso dizer.

"Quanto ao cavalo do rei dos reis, sabereis que, passeando eu pelos caminhos desse bosque, percebi as marcas de ferraduras de um cavalo; estavam todas a igual distância. Aqui está, disse para comigo mesmo, um cavalo que tem um galope perfeito. A poeira das árvores, num caminho estreito que não chega a sete pés de largura, havia sido levemente removida à direita e à esquerda, a três pés e meio do centro da estrada. Esse cavalo, eu disse, tem uma cauda de três pés e meio, a qual, por seus movimentos à direita e à esquerda, varreu essa poeira. Vi debaixo das árvores, que formavam um arco de cinco pés de altura, folhas de galhos recém-tombadas e concluí que o cavalo as havia tocado e que tinha, portanto, cinco pés de altura. Quanto a seu freio, deve ser de ouro de vinte e três quilates: pois ele esfregou a parte externa contra uma pedra que identifiquei como uma pedra de toque e que já a havia testado. Finalmente, pelas marcas que suas ferraduras deixaram em pedras de outra espécie, descobri que estava ferrado com ferraduras de prata de onze dinheiros."

Todos os juízes ficaram admirados com o profundo e sutil discernimento de Zadig; a notícia chegou aos ouvidos do rei e da rainha. Só se falava de Zadig nas ante-salas, na sala e no gabinete; e embora vários magos opinassem que se devia queimá-lo como feiticeiro, o rei ordenou que lhe restituíssem as quatrocentas onças de ouro que havia sido condenado a pagar. O escrivão, os porteiros, os procuradores, compareceram diante de Zadig com grande pompa para lhe devolver suas quatrocentas onças; retiveram apenas trezentas e noventa e oito para as custas do processo, e seus auxiliares reclamaram gratificação.

Zadig compreendeu como era perigoso às vezes ser muito sábio e jurou para si mesmo que, na próxima ocasião, nada haveria de dizer daquilo que tivesse visto.

Essa oportunidade não se fez esperar. Um prisioneiro de Estado fugiu; passou debaixo das janelas de sua casa. Zadig foi interrogado; nada respondeu; mas conseguiram provar que ele havia olhado pela janela. Por esse crime, foi condenado a pagar uma multa de quinhentas onças de ouro e ele agradeceu a indulgência dos juízes, segundo o costume de Babilônia.

"Grande Deus! – disse consigo mesmo, quanto se tem a lamentar por ter ido passear num bosque por onde passaram a cadela da rainha e o cavalo do rei! Como é perigoso chegar à janela! Como é difícil ser feliz nesta vida!"

O Invejoso

Zadig quis se consolar, pela filosofia e pela amizade, dos males que a sorte lhe havia causado. Possuía, num arrabalde de Babilônia, uma casa ornada com bom gosto, onde acolhia todas as artes e todos os divertimentos dignos de um homem honesto. De manhã, sua biblioteca ficava aberta a todos os sábios; à noite, sua mesa estava cercada de boa companhia; mas logo percebeu como os sábios são perigosos; surgiu entre eles uma grande discussão sobre uma lei de Zoroastro que proibia comer grifo.

– Como proibir carne de grifo, diziam uns, se esse animal não existe?

– Tem de existir, diziam outros, visto que Zoroastro não quer que o comam.

Zadig procurou estabelecer a harmonia entre eles, dizendo:

– Se houver grifos, não devemos comê-los; se não os houver, muito menos os haveremos de comer; e com isso obedecemos todos a Zoroastro.

Um sábio, que compusera treze volumes sobre as propriedades dos grifos e que, além disso, era grande teurgista, apressou-se em ir acusar Zadig perante um arquimago chamado Yebor, o mais tolo dos caldeus e, portanto, o mais fanático. Esse homem teria mandado empalar Zadig para maior glória do sol e teria recitado depois o breviário de Zoroastro num tom cheio de satisfação. O amigo Cador (um amigo vale mais que cem padres) foi procurar o velho Yebor e lhe disse:

– Viva o sol e vivam os grifos! Guarde-se bem de punir Zadig: é um santo; ele tem grifos em seu pátio e não os come; e seu acusador é um herege que ousa sustentar que os coelhos têm a pata fendida e não são imundos.

– Pois bem – disse Yebor, balançando sua cabeça calva – é preciso empalar Zadig por ter pensado mal dos grifos e o outro por ter falado mal dos coelhos.

Cador resolveu a questão por intermédio de uma dama de honra com quem tivera um filho e que gozava de muito crédito no colégio dos magos. Ninguém foi empalado, motivo pelo qual muitos doutores começaram a murmurar, vaticinando a decadência de Babilônia.

Zadig exclamou: "Do que depende a felicidade! Tudo me persegue neste mundo até os seres que não existem".

Amaldiçoou os sábios e daí em diante só procurou viver em boa companhia.

Reunia em sua casa os homens mais distintos de Babilônia e as damas mais amáveis; oferecia delicados jantares, muitas vezes precedidos de concertos e animados por encantadoras conversas de que soubera banir o empenho de mostrar espírito, maneira mais segura de não tê-lo e de estragar a sociedade mais brilhante. Nem a escolha de seus amigos, nem a dos pratos eram feitas pela vaidade: pois em tudo preferia o ser ao parecer e, com isso, atraía a verdadeira consideração, à qual não aspirava.

Bem em frente a sua casa morava Arimaze, personagem cuja maldosa alma estava pintada em sua grosseira fisionomia. Vivia corroído de fel e inchado de orgulho e, por cúmulo, era um belo espírito aborrecido. Não tendo jamais alcançado sucesso na sociedade, vingava-se falando mal dela. Embora fosse muito rico, tinha dificuldade em reunir em sua casa alguns aduladores. O rumor dos carros que paravam à noite diante da casa de Zadig o importunava, e o rumor de seus elogios o irritava mais ainda. Algumas vezes ia à casa de Zadig e sentava à mesa sem ser convidado: estragava então toda a alegria do grupo, como dizem que as harpias infectam a carne que tocam. Certo dia quis oferecer uma festa a uma dama que, em vez de aceitá-la, foi jantar em casa de Zadig. Outro dia, falando com ele no palácio, ambos abordaram um ministro que convidou Zadig para jantar, mas estendeu o convite a Arimaze. Os mais implacáveis ódios não têm muitas vezes causas mais importantes. Esse homem, a quem chamavam de o invejoso, planejou eliminar Zadig porque era chamado o feliz. A oportunidade de fazer o mal aparece cem vezes por dia e a de fazer o bem, uma vez por ano, diz Zoroastro.

O invejoso foi ter com Zadig, que passeava em seus jardins com dois amigos e uma dama, a quem muitas vezes dizia galanteios, sem maior intenção do que dizê-los. A conversa girava em torno da guerra que o rei acabava de ganhar contra o príncipe de Hircânia, seu vassalo. Zadig, que se havia destacado pela coragem nessa curta guerra, elogiava muito o rei e ainda mais a dama. Tomou suas tijoletas e escreveu quatro versos de improviso e os deu para ler à sua bela companheira.

Seus amigos lhe pediram que os lesse para eles: a modéstia ou antes, um bem compreendido amor-próprio, o impediu. Sabia que versos improvisados só prestam para aquela em cuja honra são compostos: quebrou em duas partes a tijoleta na qual acabava de escrever e jogou as duas metades no meio de uns pés de roseiras, onde os outros inutilmente as procuraram. Como começasse a chuviscar, entraram em casa. O invejoso, que ficou no jardim, procurou tanto que acabou encontrando uma das metades da tijoleta. Havia sido quebrada de tal modo que cada metade de verso que preenchia uma linha formava sentido e até mesmo um verso de menor medida; mas, por um acaso ainda mais estranho, esses pequenos versos formavam um sentido que continha as mais horríveis injúrias contra o rei. Lia-se neles:

Pelos maiores crimes
No trono estabelecido,
Na paz pública
É o único inimigo.

O invejoso sentiu-se feliz pela primeira vez na vida. Tinha entre as mãos com que eliminar um homem virtuoso e afável. Cheio dessa cruel alegria, fez chegar ao rei essa sátira escrita por mão de Zadig; foi posto na prisão, ele, seus dois amigos e a dama. O processo foi logo concluído, sem que se dignassem ouvi-lo. Quando chegou para ouvir a sentença, encontrou pelo caminho o invejoso, o qual lhe disse em voz bem alta que seus versos não valiam nada. Zadig não tinha pretensões de ser bom poeta, mas estava desesperado por ser condenado por crime de lesa-majestade e ver que retinham na prisão uma bela dama e dois amigos por um crime que ele não havia cometido. Não lhe permitiram falar porque suas tijoletas falavam: essa era a lei de Babilônia. Mandaram-no, pois, ao suplício, passando no meio de uma multidão de curiosos, nenhum dos quais ousava lamentá-lo e que se precipitavam para examinar seu rosto e ver se haveria de morria com boa aparência. Apenas seus parentes estavam aflitos, pois não haveriam de herdar nada. Três quartos de seus bens eram confiscados em proveito do rei e o último quarto em proveito do invejoso.

Enquanto Zadig se preparava para a morte, o papagaio do rei voou de seu balcão e foi pousar no jardim de Zadig, sobre uns pés de roseiras. De uma árvore vizinha, sacudida pelo vento, havia caído ali um pêssego; tinha caído em cima de um pedaço de tijoleta de escrever e havia ficado colado nela. O pássaro carregou o pêssego e a tijoleta e os depôs sobre os joelhos do monarca. O príncipe, curioso, leu na meia tijoleta umas palavras que não tinham nenhum sentido e que pareciam finais de versos. Ele gostava de poesia e sempre há algum recurso com os príncipes que gostam de versos: a aventura de seu papagaio o fez pensar. A rainha, que se lembrava do que estava escrito num pedaço da tijoleta de Zadig, mandou buscá-lo. Confrontaram os dois pedaços, que se ajustavam perfeitamente; leram então os versos precisamente como Zadig os havia escrito:

Pelos maiores crimes vi a terra perturbada.
No trono estabelecido, o rei sabe tudo domar.
Na paz pública somente o amor faz a guerra:
É o único inimigo que se deve recear.

O rei ordenou imediatamente que trouxessem Zadig à sua presença e que libertassem da prisão seus dois amigos e a bela dama. Zadig se prostrou com o rosto por terra, aos pés do rei e da rainha: pediu-lhes humildemente perdão por ter feito maus versos; falou com tanta graça, espírito e razão, que o rei e a rainha manifestaram o desejo de revê-lo. Voltou e agradou mais ainda. Deram-lhe todos os bens do invejoso que o acusara injustamente, mas Zadig os restituiu todos e o invejoso só se comoveu com o prazer de não perder seus bens. A estima do rei aumentava dia após dia em relação a Zadig. Convidava-o para todas as suas festas e o consultava em todos os seus negócios. A rainha começou então a olhá-lo com uma complacência que podia tornar-se perigosa para ela, para o rei seu augusto esposo, para Zadig e para o reino. Zadig começava a acreditar que não é difícil ser feliz.

Os Generosos

Chegou a época em que se celebrava uma grande festa que ocorria a cada cinco anos. Era costume em Babilônia proclamar solenemente, ao final de cinco anos, o cidadão que havia praticado a ação mais generosa. Os grandes e os magos serviam de juízes. O primeiro sátrapa, que administrava a cidade, expunha as mais belas ações que haviam ocorrido sob seu governo. Procedia-se à votação; o rei pronunciava a sentença. Para assistir a essa solenidade, vinha gente das extremidades da terra. O vencedor recebia das mãos do monarca uma taça de ouro guarnecida de pedrarias e o rei lhe dizia estas palavras: "Recebe este prêmio da generosidade e queiram os deuses conceder-me muitos súditos que se assemelhem a ti!"

Chegado o memorável dia, o rei sentou no trono, cercado dos grandes, dos magos e dos deputados de todas as nações que compareciam a esses jogos, onde a glória era conquistada, não pela rapidez dos cavalos, nem pela força física, mas pela virtude. O primeiro sátrapa relatou em alta voz as ações que podiam merecer para seus autores esse prêmio inestimável. Não falou da grandeza de alma com a qual Zadig devolvera ao invejoso toda a sua fortuna: não era uma ação que merecesse concorrer ao prêmio.

Apresentou em primeiro lugar um juiz que, tendo feito um cidadão perder um processo considerável devido a um equívoco do qual ele não era sequer responsável, lhe dera no entanto todos os seus bens que equivaliam em valor ao que o outro havia perdido.

Em seguida apresentou um jovem que, perdidamente apaixonado pela menina com quem ia casar-se, não hesitara em cedê-la a um amigo prestes a expirar de amor por ela e ainda pagou o dote ao entregar ao outro a jovem.

Depois fez comparecer um soldado que, na guerra de Hircânia, havia dado exemplo ainda maior de generosidade. Soldados inimigos estavam raptando sua amada, que ele a defendia com valentia, quando vieram lhe dizer que outros soldados de Hircânia, a alguns passos dali, estavam raptando sua mãe; deixou em lágrimas sua bem-amada e correu para livrar a mãe; voltou em seguida para aquela que amava e a encontrou moribunda. Quis matar-se; a mãe lhe fez ver que ele era seu único arrimo e o soldado teve a coragem de suportar a vida.

Os juízes pendiam para esse soldado. O rei tomou a palavra e disse:

– Sua ação e aquelas dos outros são belas, mas não me surpreendem; ontem, porém, Zadig fez uma que me deixou realmente surpreso. Há poucos dias eu havia privado de minha graça meu ministro e meu favorito Coreb. Eu me queixava dele com veemência e todos os meus cortesãos me asseguravam que eu havia sido demasiado brando; cada um se empenhava em falar as piores coisas de Coreb. Perguntei a Zadig o que pensava a respeito e ele ousou falar bem do destituído. Confesso que vi, em nossas histórias, exemplos de quem indenizasse um erro com seus próprios bens, de quem cedesse sua noiva, de quem preferisse sua mãe ao objeto de seu amor; mas nunca li que um cortesão tenha falado vantajosamente de um ministro em desgraça, contra quem o soberano estava encolerizado. Concedo vinte mil moedas de ouro a cada um daqueles cujas generosas ações acabam de ser relatadas; mas entrego a taça a Zadig.

– Majestade, lhe disse Zadig, é Vossa Majestade que merece a taça; é Vossa Majestade que praticou a ação mais inaudita, porquanto, sendo rei, não se indignou contra seu escravo quando este contrariou sua paixão.

Todos ficaram admirados com o rei e com Zadig. O juiz que havia cedido seus bens, o noivo que dera em casamento sua noiva ao amigo, o soldado que havia preferido a salvação da mãe àquela de sua noiva, receberam os presentes do monarca; viram seus nomes escritos no livro dos generosos. Zadig ganhou a taça. O rei conquistou a reputação de bom príncipe, mas que não conservou por muito tempo. Esse dia foi comemorado com festas mais longas do que a lei previa. A lembrança de tudo isso ainda se conserva na Ásia. Zadig dizia: "Finalmente, me sinto feliz!" Mas se enganava.

O Ministro

O rei tinha perdido seu primeiro-ministro. Escolheu Zadig para ocupar o cargo. Todas as belas damas de Babilônia aplaudiram a escolha, pois desde a fundação do império nunca haviam tido um ministro tão jovem. Todos os cortesãos ficaram descontentes; o invejoso chegou a cuspir sangue e seu nariz inchou prodigiosamente. Depois de agradecer ao rei e à rainha, Zadig foi agradecer também ao papagaio:

– Belo pássaro, lhe disse, foste tu que me salvaste a vida e que me tornaste primeiro-ministro: a cadela e o cavalo de Suas Majestades me haviam feito bastante mal, mas tu me fizeste bem. Aí está, portanto, do que depende o destino dos homens! Mas, acrescentou, tão estranha felicidade talvez se acabe dentro em breve.

– Sim, respondeu o papagaio.

Essa palavra deixou Zadig preocupado. Entretanto, como era bom físico e como não acreditava que os papagaios fossem profetas, logo se tranqüilizou e se pôs a exercer o cargo de ministro da melhor forma possível.

Fez sentir a todos o sagrado poder das leis e a ninguém fez sentir o peso de sua própria dignidade. Não interferiu nos votos do divã e cada vizir podia ter sua opinião sem lhe desagradar. Quando julgava uma causa, não era ele quem julgava, era a lei; mas quando era demasiado severa, ele a abrandava; quando não havia leis para dirimir a questão, sua eqüidade as criava tão bem que poderiam ser tomadas como se fossem as de Zoroastro.

Foi dele que as nações herdaram este grande princípio: é preferível arriscar-se a salvar um culpado que condenar um inocente. Acreditava que as leis eram feitas para socorrer os cidadãos, bem como para intimidá-los. Seu principal talento era o de desvendar a verdade, que todos os homens procuram obscurecer. Desde os primeiros dias de sua administração, ele se utilizou desse grande talento.

Um famoso negociante de Babilônia havia morrido na Índia; havia constituído como herdeiros seus dois filhos, destinando-lhes partes iguais, depois que tivessem encontrado marido para sua irmã, e deixava um presente de trinta mil moedas de ouro para aquele de seus dois filhos que fosse julgado o que mais lhe dedicava amor filial. O mais velho erigiu-lhe um túmulo, o segundo aumentou com uma parte da própria herança o dote da irmã. Todos diziam: "É o mais velho que ama mais seu pai; o mais jovem ama mais sua irmã; é o mais velho que merece as trinta mil moedas."

Zadig mandou chamar os dois, um após outro. Disse ao mais velho:

– Teu pai não morreu; conseguiu curar-se de sua última doença e está voltando à Babilônia.

– Louvado seja Deus, respondeu o filho do negociante; mas aí está um túmulo que me custou muito caro!

Zadig disse em seguida a mesma coisa ao mais jovem.

– Louvado seja Deus, respondeu. Vou devolver a meu pai tudo o que tenho; mas gostaria que ele deixasse à minha irmã o que lhe dei como dote.

– Não devolverás nada, disse Zadig, e ainda terás as trinta mil moedas: és tu que tens mais amor a teu pai.

Uma jovem muito rica tinha feito uma promessa de casamento a dois magos e, depois de ter recebido, por alguns meses, instruções de um e de outro, viu que estava grávida. Os dois queriam casar com ela.

– Tomarei como meu marido, disse ela, aquele que me pôs em condições de dar um cidadão ao império.

– Fui eu que fiz essa boa obra, disse um.

– Fui eu que levei vantagem nisso, disse o outro.

– Pois bem, respondeu ela, reconhecerei como pai da criança aquele dos dois que puder dar-lhe melhor educação.

Ela teve um menino. Cada um dos magos queria criá-lo. A causa acabou sendo levada perante Zadig. Ele manda chamar os dois magos.

– Que ensinarás a teu pupilo? – pergunta ao primeiro.

– Eu lhe ensinarei, diz o doutor, as oito partes da oração, a dialética, a astrologia, a demonomania; o que vem a ser a substância e o acidente, o abstrato e o concreto, as mônadas e a harmonia preestabelecida.

– Eu, diz o segundo, procurarei torná-lo justo e digno de ter amigos.

Zadig se pronunciou:

– Que tu sejas ou não pai do menino, desposarás a mãe dele.[2]

....

(2) A partir da edição de 1748 até a de 1756, quando foi supresso, lia-se, depois dessas palavras, o seguinte texto que foi retomado por alguns editores:

Chegavam todos os dias à corte queixas contra o "itimadulé" da Média, chamado Irax. Era um grande senhor cujo caráter não era mau, mas era corrompido pela vaidade e pela voluptuosidade. Raramente suportava que alguém lhe falasse e nunca que fosse contradito. Os pavões não são mais vaidosos, as pombas não mais voluptuosas, as tartarugas não têm menos preguiça; ele só respirava a falsa glória e os falsos prazeres. Zadig resolveu corrigi-lo.

Enviou, da parte do rei, um maestro de música com doze vozes e vinte e quatro violões, um maître de hotel com seis cozinheiros e quatro camareiros, que não deviam deixá-lo. A ordem do rei rezava que a etiqueta seguinte seria inviolavelmente observada. Pois, assim se passaram as coisas.

No primeiro dia, desde o momento em que o voluptuoso Irax acordou, o maestro de música entrou, seguido das vozes e dos violões: cantaram uma cantata que durou duas horas e a cada três minutos o estribilho era:

Que seu mérito é extremo!

Quanta graça! Quanta grandeza!

Ah! Como esse belo senhor

Deve estar contente consigo mesmo!

Depois da execução da cantata, um camareiro fazia um discurso de três quartos de hora, no qual elogiava precisamente todas as qualidades que lhe faltavam. Terminado o discurso, era acompanhado até a mesa ao som dos instrumentos. A refeição durou três horas. No momento em que quis abrir a boca para falar, o primeiro camareiro disse: "Já tem razão." Mal havia pronunciado quatro palavras, o segundo camareiro exclamou: "Tem razão." Os dois outros camareiros caíram em grandes gargalhadas por causa das belas palavras que Irax havia dito ou devia ter dito. Depois da refeição, repetiram-lhe a cantata.

Esse primeiro dia lhe pareceu delicioso, acreditou que o rei dos reis o honrava de acordo com seus méritos; o segundo dia lhe pareceu menos agradável; o terceiro foi constrangedor; o quarto foi insuportável; o quinto foi um suplício. Finalmente, indignado por ouvir sempre cantar "Ah! Como esse belo senhor deve estar contente consigo mesmo!", de ouvir sempre que ele tinha razão e de ter de ouvir todos os dias à mesma hora, escreveu à corte para suplicar ao rei que se dignasse chamar de volta seus camareiros, seus músicos, seu maître de hotel: confessou já se sentir menos vaidoso e mais aplicado e fez com que o elogiassem menos, teve menos festas e foi mais feliz: pois, como diz Sadder, "sempre prazer não é prazer" (Nota dos editores, da edição francesa GF Flammarion, Paris, 1966).

Disputas e Audiências

É assim que mostrava todos os dias a sutileza de seu gênio e a bondade de sua alma; era admirado por todos e também o amavam. Passava pelo mais afortunado dos homens, em todo o império seu nome era falado; todas as mulheres o cobiçavam; todos os cidadãos celebravam sua justiça; os sábios o consideravam como seu oráculo; os próprios sacerdotes confessavam que ele sabia mais que o velho arquimago Yebor. Longe estavam agora de mover-lhe processo por causa dos grifos; só acreditavam naquilo que a Zagid parecia merecedor de crédito.

Havia em Babilônia uma grande discussão que já durava mais de mil e quinhentos anos e que dividia o império em duas seitas irreconciliáveis: uma pretendia que nunca se devia entrar no templo de Mitra a não ser com o pé esquerdo por primeiro; a outra tinha esse costume como abominável e só entrava com o pé direito. Todos esperavam o dia da festa solene do fogo sagrado para saber qual seita seria favorecida por Zadig. O universo estava com os olhos pregados em seus dois pés e toda a cidade estava agitada e em suspenso. Zadig entrou no templo saltando com os pés juntos e em seguida provou, num eloqüente discurso, que o Deus do céu e da terra, que não faz acepção de pessoa, não faz maior caso da perna esquerda em detrimento da perna direita.

O invejoso e sua mulher acharam que em seu discurso não havia figuras suficientes, que não havia feito dançar bastante as montanhas e as colinas. "É seco e sem inspiração, diziam; não se vê nele o mar fugir, nem as estrelas cair, nem o sol se fundir como cera: não domina o bom estilo oriental". Zadig se contentava em ter o estilo da razão. Todos estavam do lado dele, não porque estivesse no bom caminho, não porque fosse razoável, não porque fosse amável, mas porque era primeiro vizir.

Resolveu também de modo feliz o grande processo entre os magos brancos e os magos negros. Os brancos sustentavam que era uma impiedade voltar-se, quando se orava a Deus, para o levante durante o inverno; os negros asseguravam que Deus tinha horror às orações dos homens que se voltavam para o poente durante o verão. Zadig ordenou que cada um se voltasse para onde bem quisesse.

Encontrou assim o segredo de dar expediente, pela manhã, resolvendo os negócios particulares e os gerais; durante o resto do dia se dedicava ao embelezamento de Babilônia: mandava representar tragédias que faziam chorar e comédias que faziam rir, o que de havia caído de moda havia muito tempo, mas que fez ressurgir porque tinha muito bom gosto. Não pretendia saber mais que os artistas; recompensava-os com benefícios e distinções e não se enciumava em segredo com o talento deles. À noite, divertia muito o rei e principalmente a rainha. O rei dizia: "O grande ministro!" A rainha emendava: "O amável ministro!" E ambos acrescentavam: "Teria sido um imenso prejuízo se o tivessem enforcado!"

Jamais um homem em seu cargo foi obrigado a conceder tantas audiências às senhoras. A maioria vinha lhe falar de problemas que não tinham, para ter o privilégio de conversar com ele. A mulher do invejoso foi uma das primeiras a se apresentar; jurou-lhe por Mitra, por Zend-Avesta e pelo fogo sagrado que havia detestado a conduta do marido; confiou-lhe em seguida que seu marido era um ciumento, um brutal; deu-lhe a entender que os deuses o puniam recusando-lhe os preciosos efeitos desse fogo sagrado, só por meio do qual o homem é semelhante aos imortais; acabou por deixar cair a liga de suas meias; Zadig apanhou-a com a usual polidez, mas não a prendeu no joelho da dama; e essa pequena falta, se realmente o era, foi a causa dos mais horríveis infortúnios. Zadig não pensou nisso, mas a mulher do invejoso pensou muito sobre isso.

Outras mulheres se apresentavam todos os dias. Consta nos anais secretos de Babilônia que ele sucumbiu uma vez, mas se surpreendeu muito de usufruir do momento sem volúpia e de ter abraçado a amante distraidamente. Aquela a quem havia dado, quase sem dar-se conta, sinais de sua proteção era uma camareira da rainha Astartes. Essa terna babiloniense dizia consigo mesma para se consolar: "Quantos negócios não deverá ter esse homem prodigiosamente na cabeça, porquanto pensa neles sempre, mesmo quando está fazendo amor!" Nesses instantes em que muitas pessoas não dizem coisa alguma e outras só pronunciam palavras sagradas, Zadig deixou escapar e exclamou de súbito: "A rainha!" A babiloniense julgou que afinal ele voltara a si num bom momento e que lhe dizia: "Minha rainha!" Mas Zadig, sempre muito distraído, pronunciou o nome de Astartes. A dama que, nessas felizes circunstâncias, interpretava tudo em proveito próprio, imaginou que aquilo queria dizer: "Tu és mais linda que a rainha Astartes." Saiu do aposento de Zadig cheia de belos presentes. Foi contar a aventura à invejosa, que era sua amiga íntima; esta se sentiu cruelmente ofendida com a preferência.

– "Ele nem se dignou, disse ela, prender esta liga aqui e que não quero mais usar."

– Oh! Oh! – disse a afortunada à invejosa – tu usas ligas iguais às da rainha! São feitas pela mesma costureira?"

A invejosa pensou profundamente, nada mais falou e foi consultar seu marido, o invejoso.

Entretanto, Zadig percebeu que sempre ocorriam algumas distrações de sua parte quando dava audiências e quando pronunciava julgamentos; não sabia a que atribuí-las: essa era sua única preocupação.

Teve um sonho: parecia-lhe estar deitado primeiro sobre ervas secas, entre as quais havia algumas pontiagudas que o incomodavam; e que em seguida repousava comodamente num leito de rosas, do qual saía uma serpente que o feria no coração com sua língua aguda e venenosa. "Ai! – dizia – estive por muito tempo deitado sobre essas ervas secas e pontiagudas e agora estou num leito de rosas; mas o que significa a serpente?"

O Ciúme

A infelicidade de Zadig se originou de sua própria felicidade e sobretudo de seu mérito. Tinha reuniões diárias com o rei e Astartes, sua augusta esposa. Os encantos da conversa de Zadig redobravam ainda por essa vontade de agradar que está para o espírito como o ornamento para a beleza; sua juventude e graça causaram insensivelmente em Astartes uma impressão de que ela não se percebeu a princípio. Sua paixão crescia no seio da inocência.

Astartes se entregava sem escrúpulo e sem temor ao prazer de ver e escutar um homem caro a seu esposo e ao Estado; não cessava de elogiá-lo ao rei; falava dele às damas de companhia que se encarregavam de aumentar ainda mais esses elogios; tudo concorria para cravar em seu coração a flecha que ela não sentia. Fazia presentes a Zadig, nos quais entravam mais galanteios do que imaginava; julgava não lhe falar senão como rainha satisfeita por seus serviços e às vezes suas expressões eram as de uma mulher sensível.

Astartes era muito mais bonita do que aquela Semira que odiava tanto os caolhos e do que aquela outra que quisera cortar o nariz a seu esposo.

A familiaridade de Astartes, suas ternas conversas, das quais começava a corar, seus olhares, que queria desviar, e que se fixavam nos dele, acenderam no coração de Zadig um fogo de que se espantou. Lutou; pediu socorro à filosofia, que sempre lhe valera; mas só tirou dela algumas luzes, não recebendo em troca nenhum alívio. O dever, a gratidão, a soberana majestade violada se apresentavam a seus olhos como deuses vingativos; combatia e triunfava; mas essa vitória, que era preciso renovar a todo momento, lhe custava gemidos e lágrimas. Não ousava mais falar à rainha com aquela doce liberdade que tinha tantos encantos para ambos; seus olhos se cobriam de uma nuvem; suas conversas passaram a se revelar constrangedoras e sem coerência; baixava os olhos; e quando, apesar dele, seus olhares se voltavam para Astartes, encontravam aqueles da rainha banhados em lágrimas, dos quais partiam flechas de fogo; pareciam dizer um ao outro: "Nós nos adoramos e temos medo de nos amar; ardemos ambos num fogo que condenamos."

Zadig se retirava todo confuso da presença dela, perdido, com um peso no coração que não podia mais suportar; na violência de suas agitações, não pôde evitar que seu amigo Cador descobrisse seu segredo, como um homem que, tendo agüentado por muito tempo os achaques de uma dor profunda, revela enfim sua doença por um grito que um acesso mais agudo lhe arranca e pelo suor frio que escorre de sua fronte.

Cador lhe disse:

– Já desvendei os sentimentos que a ti mesmo procuravas ocultar; as paixões têm sinais que não enganam. Julga, meu caro Zadig, já que li em teu coração, se o rei não haverá de descobrir um sentimento que o ofende. Ele não tem outro defeito senão o de ser o mais ciumento dos homens. Resistes à tua paixão com mais força que a rainha combate a sua, porque és filósofo e porque és Zadig. Astartes é mulher; deixa falar seus olhares com tanto mais imprudência por ainda não se julgar culpada. Infelizmente, tranqüilizada por sua inocência, negligencia as aparências necessárias. Tremerei por ela enquanto não tiver nada de que se recriminar. Se estivessem ambos de acordo, saberiam enganar todos os olhos: uma paixão nascente e combatida explode; um amor satisfeito sabe se ocultar.

Zadig tremeu à proposta de trair o rei, seu benfeitor; e nunca foi mais fiel a seu príncipe como na ocasião em que se viu culpado para com ele de um crime involuntário. Entretanto, a rainha pronunciava com tanta freqüência o nome de Zadig, seu rosto se cobria de tanto rubor ao pronunciá-lo, ora se mostrava tão animada, ora tão retraída, quando falava com ele na presença do rei; devaneios tão profundos se apoderavam dela depois que Zadig se retirava, que o rei começou a ficar perturbado.

Passou a acreditar em tudo que via e passou a imaginar tudo o que não via. Notou sobretudo que as sandálias de sua mulher eram azuis e que as sandálias de Zadig eram azuis, que as fitas da touca de sua mulher eram amarelas e que o barrete de Zadig era amarelo; esses eram indícios terríveis para um príncipe suscetível. Em seu espírito irritadiço, as suspeitas se transformaram em certeza.

Todos os escravos dos reis e das rainhas são outros tantos espiões de seus corações. Descobriram logo que Astartes estava apaixonada e que Moabdar sentia ciúmes.

O invejoso mandou a invejosa enviar ao rei sua liga, que se assemelhava com aquela da rainha. Por cúmulo da desgraça, essa liga era azul. O monarca não pensou mais em nada senão na maneira de se vingar. Resolveu mandar envenenar a rainha durante a noite e enforcar Zadig ao raiar do dia. A ordem foi transmitida a um impiedoso eunuco, executor de suas vinganças.

Encontrava-se nesse momento, na sala do rei, um anãozinho que era mudo, mas não era surdo. Toleravam-no sempre: era testemunha de tudo o que se passava de mais secreto, como um animal doméstico. Esse pequeno mudo era muito apegado à rainha e a Zadig. Ouviu, com tanta surpresa quanto horror, a sentença de morte ser proferida. Mas como fazer para prevenir essa terrível ordem que seria executada dentro de poucas horas?

Não sabia escrever; mas havia aprendido a pintar e sabia principalmente fazer retratos de pessoas. Passou uma parte da noite desenhando o que queria dar a entender à rainha.

O desenho representava o rei agitado e furioso num canto do quadro, dando ordens a seu eunuco; um cordão azul e um vaso sobre uma mesa, com ligas azuis e fitas amarelas; a rainha, no meio do quadro, expirando entre os braços de suas damas de companhia; e Zadig estrangulado a seus pés. O horizonte representava um sol levante, para indicar que essa horrível execução deveria se efetuar aos primeiros raios da aurora. Logo que terminou sua obra, correu até uma camareira de Astartes, despertou-a e lhe deu a entender que era preciso levar imediatamente esse quadro à rainha.

Entretanto, no meio da noite, batem à porta de Zadig; acordam-no; entregam-lhe um bilhete da rainha; pensa que está sonhando; abre a missiva com a mão tremendo.

Qual não foi sua surpresa e quem poderia exprimir sua consternação e o desespero que tomou conta dele, ao ler as seguintes palavras: "Foge imediatamente, senão vais perder a vida. Foge, Zadig; eu te ordeno em nome de nosso amor e de minhas fitas amarelas. Eu não era culpada; mas sinto que vou morrer como criminosa."

Zadig mal teve forças para falar. Mandou chamar Cador e, sem nada dizer, lhe mostrou o bilhete. Cador forçou-o a obedecer e a tomar imediatamente o caminho de Mênfis. "Se te atreves a ir falar com a rainha, vais apressar sua morte; se falares ao rei, vais condená-la da mesma forma.

Eu me encarrego de seu destino; segue o teu. Vou espalhar o boato que tomaste o caminho para a Índia. Em breve vou me encontrar contigo e vou te contar o que andou acontecendo em Babilônia".

Cador, no mesmo instante, mandou trazer dois dromedários dos mais rápidos na corrida, para perto de uma porta secreta do palácio; fez com que Zadig montasse, tendo até de ampará-lo, pois parecia prestes a entregar a alma.

Um só criado o acompanhou; e logo Cador, mergulhado no espanto e na dor, perdeu seu amigo de vista.

Esse ilustre fugitivo, chegando no topo de uma colina de onde se avistava Babilônia, volveu o olhar para o palácio da rainha e desmaiou; só recuperou os sentidos para derramar lágrimas e para desejar a morte.

Finalmente, depois de ter refletido sobre o deplorável destino da mais amável das mulheres e da primeira rainha do mundo, voltou o pensamento para si mesmo e exclamou: "Que coisa é então a vida humana? Ó virtude! De que me serviste? Duas mulheres me enganaram indignamente; a terceira, que não é culpada, e que é mais bela que as outras, vai morrer! Tudo o que fiz de bem sempre foi para mim uma fonte de maldições e só fui elevado ao topo da grandeza para cair no mais horrível precipício do infortúnio. Se eu tivesse sido mau como tantos outros, seria feliz como eles."

Acabrunhado por essas funestas reflexões, os olhos cobertos pelo véu da dor, a palidez da morte no rosto e a alma abismada no excesso de um sombrio desespero, continuava sua viagem para o Egito.

A MULHER QUE APANHAVA

Zadig a caminho se orientava pelas estrelas. A constelação de Órion e o brilhante astro Sírio o guiavam para o pólo de Canope. Admirava esses vastos globos de luz que não parecem a nossos olhos mais que fracas centelhas, enquanto a terra, que de fato não passa de um ponto imperceptível na natureza, se configura a nossa cobiça uma coisa tão grande e tão nobre. Via então os homens precisamente como são, insetos que se devoram uns aos outros num pequeno pedaço de lama. Essa imagem verdadeira parecia aniquilar suas desventuras, redesenhando o nada de seu ser e o de Babilônia. Sua alma se arrebatava até o infinito e contemplava, destacada de seus sentidos, a ordem imutável do universo. Mas quando, em seguida, de volta a si mesmo e penetrando em seu coração, pensava que Astartes talvez estivesse morta por sua causa, o universo desaparecia de seus olhos e não conseguia ver na natureza inteira senão Astartes moribunda e Zadig desafortunado.

Enquanto se entregava a esse fluxo e refluxo de sublime filosofia e dor acabrunhadora, avançava em direção das fronteiras do Egito; e já seu fiel criado se encontrava no primeiro povoado, em busca de alojamento para seu amo. Enquanto isso, Zadig passeava pelos jardins que cercavam esse vilarejo. Não muito longe da estrada principal, viu uma mulher desolada que clamava aos céus e à terra por socorro e um homem furioso que a perseguia. Já o homem a alcançava e ela lhe abraçava os joelhos. Esse homem a cobria de pancadas e de recriminações. Zadig julgou, pela violência do egípcio e pelos reiterados pedidos de perdão que a mulher lhe dirigia, que ele era ciumento e ela, infiel; mas depois de observar bem essa mulher, que era de impressionante beleza e até se assemelhava um pouco à infeliz Astartes, sentiu-se tomado de compaixão por ela e de aversão pelo egípcio. "Acode-me! – gritou ela a Zadig, entre soluços; – tira-me das mãos do mais bárbaro dos homens, salva-me a vida!"

A esses gritos, Zadig se jogou entre ela e esse bárbaro. Tinha algum conhecimento da língua egípcia e lhe disse nessa língua:

– Se tens alguma humanidade, eu te conjuro a respeitar a beleza e a fraqueza. Podes ultrajar dessa maneira uma obra-prima da natureza, que está a teus pés e só tem por defesa as lágrimas?

– Ah! Ah! – exclamou esse possesso. Então tu também a amas? É exatamente de ti que tenho de me vingar.

Dizendo tais palavras e empunhando a lança, deixa a dama, que segurava com uma das mãos pelos cabelos, tenta traspassar o estrangeiro. Este, que tinha sangue frio, evitou facilmente o golpe de um furioso. Segurou a lança perto da ponta de ferro. Um quer tirá-la, o outro, arrancá-la. Ela se parte em suas mãos. O egípcio puxa da espada; Zadig saca da sua. Atacam-se. Este desfere cem golpes precipitados; aquele os apara com destreza. A dama, sentada na relva, ajeita seus cabelos e fica olhando. O egípcio era mais robusto que seu adversário, Zadig era mais ágil. Este se batia como homem cuja cabeça comanda o braço; aquele como um arrebatado, cuja cólera cega guiava ao acaso seus movimentos. Zadig o agarra e o desarma; e enquanto o egípcio, mais furioso, procura lançar-se sobre ele, Zadig o segura, o domina e o faz cair com a espada apontada contra seu peito; promete poupar-lhe a vida. O egípcio, fora de si, saca o punhal e fere Zadig no mesmo instante em que o vencedor o perdoava. Zadig, indignado, mergulha a espada no peito dele. O egípcio lança um grito horrível e morre, debatendo-se.

Zadig se dirige então para a dama e lhe diz com voz respeitosa:

– Ele me forçou a matá-lo; eu te vinguei; estás livre do homem mais violento que já vi. Que queres agora de mim, senhora?

– Que morras, celerado – respondeu – que morras! Mataste meu amado; gostaria de poder despedaçar teu coração.

– Na verdade, senhora, tinhas realmente um homem estranho como amante – lhe respondeu Zadig. Ele te batia com toda a força e queria tirar-me a vida porque tu me pediste socorro.

– Gostaria que me batesse ainda – retrucou a dama aos gritos. Eu bem que o merecia, pois lhe dei motivos para ciúmes. Quem dera que ele estivesse me batendo e que tu estivesses no lugar dele!

Zadig, mais surpreso e mais encolerizado como nunca estivera em sua vida, lhe falou:

– Senhora, por mais bela que sejas, merecerias que eu te batesse por minha vez, tão extravagante és; mas não me darei a esse trabalho.

Dito isso, voltou a montar em seu camelo e se dirigiu para a cidade. Mal dera alguns passos, volta-se ao estrépito que faziam quatro estafetas de Babilônia. Vinham a toda brida. Um deles, ao ver essa mulher, exclamou: "É ela mesma! Assemelha-se à descrição que nos fizeram". Sem dar atenção ao morto, agarraram imediatamente a mulher. Ela não parava de gritar para Zadig: "Socorre-me outra vez, generoso estrangeiro! Peço perdão por me ter queixado de ti. Socorre-me e serei tua até o túmulo!" A Zadig já lhe havia passado qualquer vontade de se bater por ela. "Chama por outros! – respondeu-lhe; a mim é que não me pegas mais!"

Por outro lado, estava ferido, seu sangue escorria e necessitava de socorro; e a vista dos quatro babilônios, provavelmente enviados pelo rei Moabdar, enchia-o de inquietação. Avança às pressas para a aldeia, sem atinar por que quatro estafetas vinham de Babilônia para agarrar essa egípcia, mas ainda muito mais espantado estava com o caráter dessa dama.

A Escravidão

Ao entrar no vilarejo egípcio, viu-se cercado pelo povo. Todos gritavam:

– Aí está aquele que raptou a bela Missuf e que acaba de assassinar Cletófis!

– Senhores, disse, Deus me livre de raptar algum dia a bela Missuf! É demasiado caprichosa; e, quanto a Cletófis, não o matei; apenas me defendi dele. Queria me matar, porque lhe pedi com toda a humildade que poupasse a bela Missuf, em quem batia impiedosamente. Sou um estrangeiro que vem procurar asilo no Egito; e não teria cabimento que, vindo solicitar a proteção de vocês, começasse por raptar uma mulher e por assassinar um homem.

Os egípcios eram então justos e humanos. O povo conduziu Zadig até a prefeitura. Começaram por tratar seu ferimento e em seguida o interrogaram, a ele e ao criado separadamente, a fim de saber a verdade. Reconheceram que Zadig não era um assassino; mas era culpado por ter derramado o sangue de um homem: a lei o condenava à escravidão. Seus dois camelos foram vendidos em proveito da vila; todo o ouro que havia trazido foi distribuído aos habitantes; ele foi exposto em praça pública para venda, bem como seu companheiro de viagem. Um mercador árabe, chamado Setoc, arrematou-o, mas o criado, mais resistente à fadiga, foi vendido muito mais caro que o patrão. Não faziam qualquer comparação entre esses dois homens. Zadig se tornou, portanto, escravo subordinado a seu criado; foram amarrados um ao outro por uma corrente presa aos tornozelos e nesse estado seguiram o mercador árabe até a casa dele. Zadig, pelo caminho, consolava seu criado e o exortava à paciência; mas, segundo seu costume, fazia reflexões sobre a vida humana: "Vejo, lhe dizia, que as desgraças de meu destino se expandem sobre o teu. Até agora tudo saiu de uma maneira muito estranha para mim. Aplicaram-me uma multa por ter visto uma cadela passar; quase fui empalado por causa de um grifo; mandaram-me ao suplício por ter feito versos em louvor do rei; estive a ponto de ser estrangulado porque a rainha tinha fitas amarelas e aqui estou feito escravo junto contigo porque um bruto deu uma surra na amante. Vamos em frente, não vamos perder a coragem; tudo isso, decerto, vai acabar; afinal de contas, os mercadores árabes têm de possuir escravos; e por que não seria eu um escravo como qualquer outro, visto que sou um homem como qualquer outro? Esse mercador não pode ser impiedoso, pois terá de tratar bem seus escravos, se quiser ser bem servido por eles." Assim falava, mas no fundo de seu coração estava preocupado com a sorte da rainha de Babilônia.

Setoc, o mercador, partiu, dois dias depois, para a Arábia deserta, com seus escravos e seus camelos. Sua tribo habitava na região do deserto de Horeb. A viagem foi longa e penosa. Setoc, no caminho, fazia mais caso do criado que do patrão, porque o primeiro sabia lidar bem melhor com os camelos e todas as pequenas regalias eram destinadas a ele.

Um camelo morreu a dois dias da chegada a Horeb; dividiram a carga entre os dois escravos; Zadig carregou sua parte. Setoc pôs-se a rir ao ver todos os seus escravos caminhando encurvados. Zadig tomou a liberdade de explicar-lhe a razão e lhe deu a conhecer as leis do equilíbrio. O mercador, surpreso, começou a olhá-lo com outros olhos. Zadig, vendo que lhe havia excitado a curiosidade, redobrou-a ensinando-lhe muitas coisas que não eram estranhas a seu comércio; o peso específico dos metais e das mercadorias em volume igual; as propriedades de vários animais úteis; o meio de tornar úteis aqueles que não o eram; enfim, ele lhe pareceu um sábio. Setoc passou a preferi-lo a seu camarada, a quem tanto havia estimado. Tratou-o bem e não teve motivo para se arrepender.

Chegando à sua tribo, Setoc começou por exigir quinhentas onças de prata de um hebreu a quem as havia emprestado em presença de duas testemunhas; mas estas haviam morrido e o hebreu se aproveitara desse fato para ficar com o dinheiro do mercador, dando graças a Deus por lhe haver ensejado a oportunidade de enganar um árabe. Setoc confiou seu problema a Zadig que se tornara seu conselheiro.

– Em que local emprestaste quinhentas onças a esse infiel? – perguntou Zadig.

– Sobre uma grande pedra – respondeu o mercador – perto do monte Horeb.

– Qual é o caráter de seu devedor? – perguntou Zadig.

– O de um velhaco – replicou Setoc.

– Mas pergunto se é um homem vivo ou fleumático, sensato ou imprudente.

– De todos os maus pagadores, é o mais vivo que conheço – respondeu Setoc.

– Pois bem! – insistiu Zadig – permite-me que defenda tua causa perante o juiz.

Com efeito, citou o hebreu, que compareceu diante do tribunal, e assim falou ao juiz:

– Almofada do trono da eqüidade, venho pedir de volta a esse homem, em nome de meu patrão, quinhentas onças de prata que ele não quer devolver.

– Há testemunhas? – perguntou o juiz.

– Não, morreram; mas existe uma grande pedra sobre a qual o dinheiro foi contado; e, se aprouver a Vossa Grandeza mandar trazê-la, espero que ela preste testemunho; ficaremos aqui, o hebreu e eu, à espera que a pedra chegue; mandarei buscá-la às expensas de Setoc, meu senhor.

– Muito bem – concordou o juiz que se pôs a despachar outros assuntos.

No fim da audiência, disse a Zadig:

– E então? Tua pedra ainda não chegou?

O hebreu respondeu, rindo:

– Vossa Grandeza poderia ficar aqui até amanhã, que a pedra não chegaria; está a mais de seis milhas de distância e seria preciso uns quinze homens para transportá-la.

– Vejam isso! – exclamou Zadig – eu lhe havia dito realmente que a pedra daria testemunho; já que esse homem sabe onde ela está, confessa, portanto, que foi sobre ela que o dinheiro foi contado.

O hebreu, desconcertado, logo se viu obrigado a confessar tudo. O juiz ordenou que fosse amarrado à pedra, sem beber nem comer, até que tivesse devolvido as quinhentas onças, que foram pagas sem demora.

O escravo Zadig e a pedra tiveram grande fama na Arábia.

A Fogueira

Setoc, encantado, fez de seu escravo seu amigo íntimo. Não podia mais ficar sem ele, como havia ocorrido com o rei de Babilônia; e Zadig estava feliz porque Setoc não tinha mulher. Descobria em seu patrão um caráter propenso ao bem, muita retidão e bom senso. Ficou chateado ao ver que adorava o exército celeste, isto é, o sol, a lua e as estrelas, conforme o antigo costume da Arábia. Falava-lhe às vezes a respeito com muita discrição. Finalmente, lhe disse que eram corpos como os outros, que não mereciam sua homenagem mais que uma árvore ou um rochedo.

– Mas – retrucava Setoc – são seres eternos dos quais tiramos todos os benefícios; animam a natureza; regulam as estações; estão, por outro lado, tão longe de nós que é impossível deixar de venerá-los.

– Recebes mais benefícios – continuou Zadig – das águas do mar Vermelho que leva tuas mercadorias para a Índia. Por que não haveria de ser ele tão antigo como as estrelas? E se adoras o que está distante, deverias então adorar a terra dos gangáridas, que fica nos confins do mundo.

– Não, dizia Setoc, as estrelas são brilhantes demais para que eu não as adore.

Quando anoiteceu, Zadig acendeu um grande número de velas na tenda em que devia jantar com Setoc; logo que seu patrão apareceu, lançou-se de joelhos diante daquelas velas acesas e disse:

"Eternas e brilhantes luzes, sede-me sempre propícias!" Proferidas essas palavras, sentou-se à mesa sem olhar para Setoc.

– Que fazes? – perguntou Setoc, surpreso.

– Faço o mesmo que tu – respondeu Zadig. Adoro essas velas e negligencio aquele que é senhor delas e meu senhor também.

Setoc compreendeu o profundo sentido desse apólogo. A sabedoria de seu escravo penetrou em sua alma; não ofereceu mais incenso às criaturas e adorou o ser eterno que as fez.

Havia então na Arábia um costume medonho, originário da Cítia, e que, estabelecido na Índia por influência dos brâmanes, ameaçava invadir todo o Oriente. Quando morria um homem casado, e sua amada esposa desejava ser santa, ela se queimava em público sobre o corpo de seu marido. Era uma festa solene que se chamava a *fogueira da viuvez*. A tribo em que houvesse mais mulheres queimadas vivas era a mais considerada de todas. Tendo morrido um homem da tribo de Setoc, sua viúva, chamada Almona, que era muito devota, fez saber o dia e a hora em que se lançaria no fogo, ao som de tambores e trombetas. Zadig observou a Setoc o quanto esse horrível costume era contrário ao bem do gênero humano; que todos os dias deixavam imolar-se ao fogo jovens viúvas que poderiam dar filhos ao Estado ou pelo menos criar os seus; levou a concordar que se deveria, se possível, abolir um costume tão bárbaro. Setoc respondeu:

– Há mais de mil anos que as mulheres têm o direito de imolar-se na fogueira. Quem de nós ousaria mudar uma lei que o tempo consagrou? Haverá coisa mais respeitável que um antigo abuso?

– A razão é mais antiga – retrucou Zadig. Fala aos chefes das tribos e eu vou ter com a jovem viúva.

Fez-se apresentar a ela; e, depois de se ter insinuado em seu espírito por meio de elogios à sua beleza, depois de ter-lhe dito como era lastimável entregar ao fogo tamanhos encantos, elogiou ainda sua constância e sua coragem.

– Decerto amava prodigiosamente seu marido, não? – perguntou-lhe.

– Eu? De modo algum! – respondeu a mulher árabe. Era um bruto, um ciumento, um homem insuportável, mas estou firmemente resolvida a lançar-me em sua fogueira.

– Deve ser aparentemente – disse Zadig – um prazer realmente delicioso ser queimada viva.

– Ah! Isso faz tremer até a própria natureza – disse a mulher. Mas deve-se passar por isso. Sou devota; perderia toda a reputação e todo o mundo zombaria de mim se não me queimasse.

Zadig, conseguiu demonstrar-lhe que se queimava para os outros e por vaidade, falou-lhe longamente, de modo a levá-la a amar um pouco a vida e chegou até mesmo a lhe inspirar alguma benevolência por aquele que assim lhe falava.

– Que farias, enfim, lhe disse, se desistisses dessa vaidade de te queimar?

– Ah! – retrucou a mulher – acho que te pediria para casar comigo.

Zadig estava ainda muito preocupado com Astartes para não se esquivar habilmente dessa declaração; mas foi imediatamente ao encontro dos chefes das tribos, contou-lhes o que se havia passado e os aconselhou a baixar uma lei pela qual não seria permitido a uma viúva ir para a fogueira senão depois de haver falado durante uma hora, frente a frente, com um homem jovem. A partir desse momento, nenhuma viúva se imolou mais na fogueira, na Arábia. Só a Zadig se devia a obrigação de ter abolido, num só dia, um costume tão cruel, que durava há tantos séculos. Era, portanto, o benfeitor da Arábia.

O Jantar

Setoc, que não podia se separar desse homem em quem habitava a sabedoria, levou-o à grande feira de Basra, onde deviam comparecer os maiores negociantes do mundo habitado. Foi para Zadig um consolo sensível ver tantos homens das mais diversas regiões reunidos no mesmo local. Parecia-lhe que o universo era uma grande família que se reunia em Basra. Encontrou-se à mesa, logo ao segundo dia, com um egípcio, um gangárida, um habitante de Catai, um grego, um celta e vários outros estrangeiros que, em suas freqüentes viagens ao golfo arábico, haviam aprendido árabe o suficiente para se fazerem compreender. O egípcio parecia bastante encolerizado.

– Que região abominável é essa de Basra! – dizia. Vejam só, aqui me recusam mil onças de ouro pela melhor mercadoria do mundo.

– Como! Por qual mercadoria foi recusada essa soma? – perguntou Setoc.

– Pelo corpo de minha tia – respondeu o egípcio. Era a mulher mais corajosa do Egito. Ela me acompanhava sempre; morreu durante a viagem; mandei fazer dela uma das mais belas múmias que já tivemos; em minha terra eu conseguiria empenhá-la por quanto eu quisesse. É muito estranho que aqui não me queiram dar mil onças de ouro por uma mercadoria tão valiosa.

Demonstrando sua irritação, dispunha-se a servir-se de uma excelente galinha cozida, quando o indiano, tomando-o pela mão, exclamou condoído:

– Ah! que estás fazendo?

– Vou comer essa galinha - respondeu o homem da múmia.

– Não faças isso de jeito nenhum! – disse o gangárida. Poderia muito bem ocorrer que a alma da defunta sua tia tenha passado para o corpo dessa galinha e tu não gostarias de te expor a devorar tua tia! Cozinhar galinhas é ultrajar de modo manifesto a natureza.

– Que queres dizer com tua natureza e tuas galinhas? – retrucou o irascível egípcio. Nós adoramos um boi e nem por isso deixamos de comê-lo.

– Adoram um boi? Será possível? – interveio o homem do Ganges.

– Nada mais possível – redargüiu o outro. Há cento e trinta e cinco mil anos que costumamos fazer assim e ninguém entre nós não tem nada a objetar.

– Ah! cento e trinta e cinco mil anos é uma conta um pouco exagerada! - disse o indiano. Há apenas oitenta mil anos que a Índia é povoada e certamente somos os ancestrais de vocês e Brama nos havia proibido comer bois muito antes que vocês se lembrassem de colocá-los nos altares e no espeto.

– Belo animal esse Brama para ser comparado a Ápis! – disse o egípcio. Que fez esse Brama de bom?

– Foi ele que ensinou os homens a ler e escrever – respondeu o brâmane; e a ele é que o mundo inteiro deve a invenção do xadrez.

– Estão muito enganados – disse um caldeu que estava ao lado. É ao peixe Oanes que devemos tão grandes benefícios e só a ele é justo rendermos homenagem. Todo o mundo dirá que era um ser divino, que tinha uma cauda dourada, uma bela cabeça de homem e que saía da água para vir pregar na terra durante três horas por dia. Teve vários filhos, que foram reis, como todos sabem. Tenho em casa sua imagem que reverencio como se deve. Pode-se comer quanto boi se queira; mas é seguramente uma grande impiedade cozinhar peixe; aliás, vocês dois são de origem muito pouco nobre e demasiado recente para me objetar qualquer coisa. A nação egípcia conta apenas cento e trinta e cinco mil anos e os hindus só se vangloriam de oitenta mil, ao passo que nós temos almanaques de quatro mil séculos. Acreditem em mim, renunciem a suas loucuras e lhes darei a cada um uma bela imagem de Oanes.

O homem de Cambalu tomou então a palavra e disse:

– Respeito muito os egípcios, os caldeus, os gregos, os celtas, Brama, o boi Ápis, o belo peixe Oanes; mas talvez o Li ou o Tien[3], como queiram chamá-lo, vale tanto como os bois e os peixes. Nada direi de meu país; é tão grande como o Egito, a Caldéia e a Índia juntos. Não discuto sobre a antigüidade, porque basta ser feliz e é bem pouca coisa ser antigo; mas, se devêssemos falar de almanaques, diria que toda a Ásia copia os nossos e que tínhamos excelentes deles antes que soubessem aritmética na Caldéia.

– Todos vocês são uns grandes ignorantes e é só isso que são! – exclamou o grego. Será que não sabem que o caos é o pai de tudo e que a forma e a matéria puseram o mundo no estado em que se encontra?

Esse grego falou por muito tempo; mas finalmente foi interrompido pelo celta que, tendo bebido muito enquanto discutiam, julgou-se então mais sábio que todos os outros e disse, jurando, que só havia Teutath e o cogumelo do carvalho dos quais valia a pena falar; que, quanto a ele, sempre tinha um cogumelo

....

(3) Palavras chinesas que significam propriamente: Li, *a luz natural, a razão;* Tien, *o céu, e que significam também Deus.*

no bolso; que os citas, seus antepassados, foram os únicos homens de bem que jamais existiram no mundo; que algumas vezes tinham, na verdade, comido homens, mas isso não impedia que se devesse ter o máximo de respeito por sua nação; e que, finalmente, se alguém falasse mal de Teutath, teria de haver-se com ele. A discussão se acalorou e Setoc viu o momento em que o sangue haveria de correr pela mesa. Zadig, que se mantivera em silêncio durante toda a discussão, finalmente se levantou. Dirigiu-se primeiramente ao celta, que era o mais furioso; disse-lhe que tinha razão e lhe pediu cogumelos; elogiou o grego por sua eloqüência e acalmou todos os ânimos exaltados. Falou muito pouco ao homem de Catai, porque tinha sido o mais sensato de todos. Em seguida lhes disse:

– Meus amigos, vocês iriam discutir por nada, porque todos vocês são da mesma opinião.

A essas palavras, todos protestaram.

– Não é verdade – disse ao celta – que não adoras esse cogumelo, mas aquele que fez o cogumelo e o carvalho?

– Com toda a certeza - respondeu o celta.

– E tu, egípcio, não veneras aparentemente num certo boi aquele que te deu os bois?

– Sim, disse o egípcio.

– O peixe Oanes – continuou – deve ceder diante daquele que fez o mar e os peixes.

– De acordo – disse o caldeu.

– O indiano – acrescentou – e o habitante do Catai reconhecem como vocês um primeiro princípio; não compreendi muito bem as coisas admiráveis que o grego disse, mas estou certo de que ele também admite um ser superior, de que dependem a forma e a matéria.

O grego, que todos admiravam, disse que Zadig havia captado muito bem seu pensamento.

– Vocês todos são, portanto, do mesmo parecer – concluiu Zadig – não há motivos para mais discussões.

Todos se abraçaram. Setoc, depois de ter vendido bastante caro suas mercadorias, reconduziu o amigo Zadig à sua tribo. Ao chegar, Zadig soube que o haviam processado durante sua ausência e que iria ser queimado a fogo lento.

Os Encontros

Durante sua viagem a Basra, os sacerdotes das estrelas tinham resolvido puni-lo. As pedras preciosas e os adereços das jovens viúvas, que eles mandavam à fogueira, lhes pertenciam de direito; mandar queimar Zadig era o mínimo que deveriam fazer pela peça que lhes pregara. Acusaram Zadig, portanto, de ter opiniões errôneas sobre o exército celeste; depuseram contra ele e juraram que o tinham ouvido dizer que as estrelas não se punham nos confins do mar. Essa blasfêmia horrenda fez estremecer os juízes; estiveram a ponto de rasgar suas vestes, ao ouvir essas ímpias palavras e, sem dúvida o teriam feito, se Zadig tivesse com que pagá-las. Mas, no auge de sua dor, se contentaram em condená-lo a ser queimado a fogo lento.

Setoc, desesperado, empregou em vão toda a sua influência para salvar seu amigo; foi logo obrigado a se calar. A jovem viúva Almona, que havia tomado muito gosto pela vida e que devia isso a Zadig, resolveu livrá-lo da fogueira, cujo absurdo ele a fizera reconhecer. Arquitetou um projeto em sua cabeça, sem falar dele a ninguém. Zadig devia ser executado no dia seguinte; ela dispunha apenas da noite para salvá-lo. Pois foi isso que fez, como mulher caridosa e prudente.

Ela se perfumou; realçou sua beleza com os mais ricos e finos adornos e pediu uma audiência secreta ao chefe dos sacerdotes das estrelas. Quando se viu na presença desse venerável ancião, falou nos seguintes termos:

– Filho primogênito da grande Ursa, irmão do Touro, primo do grande Cão (eram os títulos desse pontífice), venho confiar-lhe meus escrúpulos. Tenho medo de haver cometido um pecado enorme por não me queimar na fogueira de meu querido esposo. Com efeito, para que deveria eu conservar uma carne perecível e que já está toda murcha?

Ao dizer essas palavras, retirou de suas longas mangas de seda seus braços nus, braços de uma forma admirável e de uma brancura deslumbrante.

– Veja, disse ela, o pouco que isso vale.

O pontífice achou em seu coração que aquilo valia muito. Seus olhos o disseram e sua boca o confirmou: jurou que nunca em sua vida vira braços tão lindos.

– Ai! – lhe disse a viúva – os braços podem estar um pouco menos mal que o resto; mas o senhor haverá de confessar que meu peito não era digno de meus cuidados.

Então deixou ver o seio mais encantador que a natureza jamais havia formado. Um botão de rosa sobre uma maçã de marfim nada seria comparado ao vermelho sobre uma pétala de jasmim e os cordeiros recém-saídos do lavadouro pareceriam de um amarelo-escuro. Aqueles seios, seus grandes olhos negros que enlanguesciam, brilhando suavemente num fogo sensual, suas faces animadas da mais bela púrpura misturada ao branco do mais puro leite; seu nariz, que não era como a torre do monte Líbano; seus lábios, que eram como molduras de coral, encerrando as mais belas pérolas do mar da Arábia, tudo isso deixou o velho sentir-se aos vinte anos. Gaguejando, lhe fez uma declaração enternecida. Almona, vendo-o inflamado, lhe pediu o perdão de Zadig.

– Ah! – disse – minha bela senhora, ainda que lhe concedesse o perdão dele, minha indulgência de nada serviria; é preciso que seja assinado por três outros de meus confrades.

– Assine, assim mesmo – disse Almona.

– Com muito gosto – falou o sacerdote – sob a condição de que teus favores sejam o prêmio de minha facilitação.

– Muita honra me concedes – disse Almona. Peço-lhe somente que tenha a delicadeza de vir a meu quarto depois que o sol se puser e logo que a brilhante estrela *Sheat* se erguer no horizonte, e me encontrará num sofá cor-de-rosa; poderá dispor de sua serva como bem quiser.

Retirou-se então, levando consigo a assinatura e deixou o velho cheio de amor e de desconfiança de suas próprias forças. Ele empregou o resto do dia fazendo banhos; bebeu um licor composto de canela de Ceilão e preciosas especiarias de Tidor e de Ternate; ficou esperando com impaciência que a estrela *Sheat* aparecesse.

Enquanto isso, a bela Almona foi procurar o segundo pontífice. Este lhe assegurou que o sol, a lua e todos os luminares do firmamento não passavam de fogos fátuos em comparação com os encantos dela. Almona lhe pediu a mesma graça e lhe foi proposto o mesmo preço. Deixou-se vencer e marcou encontro com o segundo pontífice ao surgir da estrela *Algenib*.

Dali, dirigiu-se à casa do terceiro e do quarto sacerdote, sempre recebendo em troca uma assinatura e marcando encontro de estrela em estrela. Mandou então pedir aos juízes que comparecessem à sua residência para um assunto importante. Ao chegarem, lhes mostrou os quatro nomes e lhes disse por que preço os sacerdotes haviam vendido o perdão de Zadig. Cada um destes chegou na hora marcada e cada um deles ficou surpreso ao encontrar ali seus confrades, e mais ainda os juízes, perante os quais ficou transparente sua vergonha. Zadig foi salvo. Setoc ficou tão encantado com a habilidade de Almona, que a tomou como esposa.

Zadig partiu, depois de se haver lançado aos pés de sua bela salvadora. Setoc e ele se deixaram aos prantos, jurando eterna amizade e prometendo-se que o primeiro dos dois que conseguisse uma grande fortuna o participaria ao outro.

Zadig se dirigiu para os lados da Síria, sempre pensando na infeliz Astartes e sempre refletindo na sorte que se obstinava em pregar-lhe peças e persegui-lo. "Que coisa! – ia dizendo consigo. Quatrocentas onças de ouro por ter visto uma cadela passar! Condenado a ser decapitado por quatro maus versos em louvor do rei! Quase estrangulado porque a rainha tinha sandálias da cor de meu barrete! Reduzido à escravidão por haver socorrido uma mulher que era espancada! E prestes a ser queimado por ter salvo a vida de todas as jovens viúvas árabes!"

O SALTEADOR

Chegando às fronteiras que separam a Arábia Petréia da Síria, ao passar perto de um castelo bastante fortificado, dele saíram alguns árabes armados. Viu-se cercado. Gritavam-lhe: "Tudo o que você tem nos pertence; e sua pessoa pertence a nosso chefe." Zadig, como resposta, sacou da espada; seu criado, que tinha coragem, fez o mesmo. Estenderam mortos os primeiros árabes que puseram as mãos neles; o número dobrou; não se assustaram com isso e resolveram morrer lutando. O que se via era dois homens se defendendo contra uma multidão; um combate como esse não poderia durar muito tempo. O dono do castelo, chamado Arbogad, que assistia de uma janela aos prodígios de coragem que Zadig praticava, teve estima por ele. Desceu às pressas e veio pessoalmente afastar seus combatentes e livrar os dois viajantes.

– "Tudo o que passa por minhas terras é meu, disse, bem como o que encontro nas terras dos outros; mas tu me pareces um homem tão corajoso, que te dispenso da lei comum".

Ele o fez entrar em seu castelo, dando ordens aos seus para que o tratassem bem; e, à noite, fez questão de jantar com Zadig.

O senhor do castelo era um desses árabes que são chamados *ladrões*; mas às vezes praticava boas ações entre uma multidão de más; roubava com uma rapacidade furiosa e sabia dar liberalmente: intrépido na ação, bastante acessível no comércio, esganado à mesa, alegre na libertinagem e sobretudo cheio de franqueza.

Zadig o agradou muito. A conversa, que se animou, prolongou a refeição. Por fim, Arbogad lhe disse:

– Eu te aconselho a alistar-te como um dos meus; é o melhor que podes fazer; este ofício não é ruim; um dia poderás chegar ao que eu sou.

– Posso perguntar-lhe – disse Zadig – desde quando exerce esta nobre profissão?

– Desde muito jovem – respondeu o senhor. Eu era criado de um árabe muito esperto; minha situação era insuportável. Chegava a me desesperar ao ver que, em toda a terra que pertence igualmente aos homens, o destino não tivesse reservado minha parte. Confiei minhas dificuldades a um velho árabe que me disse: "Não te desesperes, meu filho; era uma vez um grão de areia que se lamentava de ser um átomo ignorado no deserto; ao final de alguns anos tornou-se diamante e hoje é o mais belo ornamento da coroa do rei das Índias". Essas palavras me deixaram impressionado; eu era o grão de areia, resolvi tornar-me diamante. Comecei roubando dois cavalos; depois me associei a alguns camaradas; fiquei em condições de roubar pequenas caravanas; e assim fiz desaparecer aos poucos a desproporção que a princípio havia entre os homens e mim. Tive minha parte nos bens deste mundo e fui até mesmo indenizado com usura: alcancei grande consideração; tornei-me senhor salteador; adquiri este castelo por direito de conquista. O sátrapa da Síria quis privar-me da posse dele, mas eu já era muito rico para temer qualquer coisa; dei dinheiro ao sátrapa, conservando assim este castelo e aumentei meus domínios; ele me nomeou tesoureiro dos tributos que a Arábia Petréia pagava ao rei dos reis. Desempenhei meu cargo de recebedor e não o de pagador.

O grande *Desterham* de Babilônia mandou para cá, em nome do rei Moabdar, um pequeno sátrapa, para me estrangular. Esse homem chegou com sua ordem: eu estava inteirado de tudo; mandei estrangular em sua presença as quatro pessoas que ele havia trazido consigo para apertar o laço; depois disso, perguntei-lhe quanto era sua comissão para me estrangular. Respondeu-me que seus honorários poderiam ficar em torno de trezentas moedas de ouro. Dei-lhe claramente a entender que comigo poderia ganhar muito mais. Fiz dele o vice-salteador; é hoje um de meus melhores oficiais e dos mais ricos. Se tu acreditares em mim, terás o mesmo sucesso que ele. Jamais a temporada de roubar foi melhor para mim, desde que Moabdar foi morto e que tudo é confusão em Babilônia.

– Moabdar está morto?! – disse Zadig. E o que aconteceu com a rainha Astartes?

– Não sei de nada – respondeu Arbogad. Tudo o que sei é que Moabdar enlouqueceu, que foi morto, que Babilônia virou um Deus-nos-acuda e que todo o império está desolado, que ainda há belos golpes a dar e que eu, de minha parte, já dei alguns realmente admiráveis.

– Mas a rainha? – perguntou Zadig. Por favor, não sabes nada a respeito do destino da rainha?

– Falaram-me de um príncipe de Hircânia – retrucou Arbogad. Ela deve estar provavelmente entre suas concubinas, se é que não foi morta no tumulto; mas estou mais interessado nos saques do que nas novidades. Tomei como prisioneiras várias mulheres em minhas incursões, mas não conservo nenhuma; eu as vendo caro quando são bonitas, sem me informar do que possam ser. Ninguém compra posições; uma rainha feia não teria comprador; talvez eu tenha vendido a rainha Astartes, talvez esteja morta; mas pouco me importa e acho que tu deves te preocupar com isso mais do que eu.

Enquanto falava dessa maneira, bebia com tanta coragem e confundia de tal modo todas as idéias, que Zadig não pôde obter nenhum esclarecimento.

Permanecia indeciso, aniquilado, imóvel. Arbogad não parava de beber, inventava histórias, repetia sem cessar que era o mais feliz de todos os homens, exortando Zadig a tornar-se tão feliz quanto ele. Por fim, docemente enlevado pelos vapores do vinho, foi dormir um sono tranqüilo. Zadig passou a noite na mais violenta agitação.

"Como! – dizia – o rei enlouqueceu! Foi assassinado! Não posso deixar de lamentá-lo. O império está destruído e esse ladrão é feliz. Ó fortuna! Ó destino! Um ladrão é feliz e o que a natureza fez de mais amável pereceu talvez de uma maneira horrível ou vive num estado pior que a morte. Ó Astartes! Que aconteceu contigo?"

Desde o raiar do dia, perguntou a todos aqueles que encontrava no castelo, mas todos estavam ocupados, ninguém lhe respondia; tinham feito novas conquistas durante a noite e repartiam os despojos. Tudo o que pôde obter, naquela tumultuada confusão, foi a permissão para partir. Aproveitou-a sem demora, mais abismado que nunca em suas dolorosas reflexões.

Zadig caminhava inquieto, agitado, o espírito totalmente ocupado com a infeliz Astartes, com o rei de Babilônia, com seu fiel Cador, com o feliz ladrão Arbogad, com aquela mulher tão caprichosa que os babilônios haviam detido nos confins do Egito, enfim, com todos os contratempos e todos os infortúnios que havia experimentado.

O Pescador

A algumas léguas do castelo de Arbogad, parou à margem de um riacho, sempre deplorando seu destino e considerando-se como o modelo da desgraça. Viu um pescador deitado na margem, segurando desleixadamente com uma das mãos sua rede de pesca, que parecia deixar de lado, e erguendo os olhos para o céu.

– Sou sem dúvida o mais infeliz de todos os homens – dizia o pescador. Fui, por consenso geral, o mais famoso mercador de queijos em toda Babilônia e fiquei arruinado. Tinha a mais bela mulher que um homem de minha classe jamais possuiu e fui traído por ela. Restava-me uma modesta casa, que a vi sendo pilhada e destruída. Refugiei-me numa cabana, tendo a pesca como meu único recurso e não consigo apanhar nenhum peixe. Ó minha rede! Não te lançarei mais na água, eu é que devo me jogar na água.

Dizendo essas palavras, ele se levanta e avança com a atitude de um homem que ia se jogar e acabar com a vida.

– Como! – dizia consigo Zadig – há, pois, homens mais infelizes do que eu!

O ardor de salvar a vida do pescador foi tão rápido quanto esta reflexão. Corre até ele, o detém e o interroga com um ar comovido e consolador. A gente acha que é menos infeliz quando não é infeliz sozinho; mas, segundo Zoroastro, não é por maldade, é por necessidade. Sentimo-nos nesse caso atraídos para um infeliz como para um semelhante. A alegria de um homem feliz seria um insulto, mas dois infelizes são como dois arbustos frágeis que, apoiando-se um no outro, se fortalecem contra a tempestade.

– Por que sucumbes a tuas desventuras? – perguntou Zadig ao pescador.

– É porque não tem mais remédio – respondeu. Fui o homem mais considerado da aldeia de Derlback, nos arredores de Babilônia, e fabricava, com o auxílio de minha esposa, os melhores queijos cremosos de todo o império. A rainha Astartes e o famoso ministro Zadig os apreciavam apaixonadamente. Tinha fornecido a eles seiscentos queijos. Fui um dia a Babilônia para receber o pagamento. Ao chegar em Babilônia, soube que a rainha e Zadig haviam desaparecido. Corri até a casa do senhor Zadig, que nunca havia visto, e encontrei os arqueiros do grande *Desterham* que, munidos de um edito real, saqueavam sua casa legalmente e com ordem. Voei até as cozinhas da rainha; alguns dos despenseiros me disseram que ela estava morta; outros me disseram que estava presa; outros achavam que havia fugido; mas todos me asseguravam que meus queijos não seriam pagos. Em companhia de minha mulher fui falar com o senhor Orcan, que era um de meus fregueses; pedimos sua proteção em nossa desgraça. Ele a concedeu à minha mulher e a recusou a mim. Ela era mais branca que esses queijos cremosos que começaram minha desgraça; e o esplendor da púrpura de Tiro não era mais brilhante que o carmim que animava aquela brancura. Foi o que fez com que Orcan a retivesse e me expulsasse de sua casa. Escrevi à minha querida esposa uma carta desesperada. Ela disse ao portador: "Ah! ah! sim, sei quem é esse homem que me escreve, já ouvi falar dele: dizem que fabrica excelentes queijos cremosos; tragam-me alguns deles e não se esqueçam de pagá-los."

Na minha desgraça, decidi recorrer à justiça. Restavam-me seis onças de ouro: tive de dar duas onças ao advogado que consultei, duas ao procurador que se encarregou de meu caso, duas ao secretário do primeiro juiz. Depois de tudo isso, meu processo ainda não fora encaminhado e eu já tinha gasto mais dinheiro do que podiam valer meus queijos e minha mulher. Voltei à minha aldeia com a intenção de vender minha casa para recuperar minha mulher.

Minha casa valia sem dúvida sessenta onças de ouro, mas sabiam que ficara pobre e obrigado a vender depressa. O primeiro a quem me dirigi me ofereceu trinta onças; o segundo, vinte; e o terceiro, dez. Estava prestes a liquidar tudo, tão cego estava, quando um príncipe de Hircânia veio a Babilônia e devastou tudo em sua passagem. Minha casa foi primeiramente saqueada e depois queimada.

Tendo perdido desse modo meu dinheiro, minha mulher e minha casa, retirei-me para esta região onde o senhor me vê. Procurei subsistir com a profissão de pescador. Os peixes zombam de mim, como os homens; não consigo apanhar nenhum, morro de fome; e, sem vocês, augusto consolador, eu ia me afogar no rio.

O pescador não fez esse relato sem interrupção, pois a todo momento Zadig, emocionado e extasiado, lhe dizia:

– Como! Não sabes nada do destino da rainha?

– Não, senhor – respondeu o pescador – mas sei que a rainha e Zadig não me pagaram meus queijos cremosos, que me roubaram minha mulher e que estou desesperado.

– Creio – disse Zadig – que não perderás todo o teu dinheiro. Ouvi falar desse Zadig; é um homem honesto e, se voltar à Babilônia, como ele espera, te dará mais do que te deve; mas quanto à tua mulher, que não é honesta, te aconselho de não procurar recuperá-la. Acredita em mim, vai à Babilônia; lá estarei antes de ti, porque estou a cavalo e tu estás a pé. Dirige-te ao ilustre Cador; fala a ele que encontraste seu amigo; espera-me na casa dele. Vai, talvez não sejas sempre desditado.

– Ó poderoso Orosmade – continuou Zadig – tu te serves de mim para consolar este homem; de quem te servirás para me consolar?

Assim falando, deu ao pescador a metade de todo o dinheiro que havia trazido da Arábia e o pescador, confuso e extasiado, beijava os pés do amigo de Cador e lhe dizia: "És um anjo salvador."

Entretanto, Zadig continuava a pedir informações e não parava de chorar.

– Como! senhor – exclamou o pescador – tu que fazes o bem, poderias ser tão infeliz?

– Cem vezes mais infeliz do que tu – respondia Zadig.

– Mas como pode ser – dizia o homem – que aquele que dá seja mais digno de lástima que aquele que recebe?

– É que tua maior desgraça – retrucou Zadig – era a necessidade, mas eu estou infortunado por causa do coração.

– Orcan roubou tua mulher? – perguntou o pescador.

Essas palavras trouxeram à mente de Zadig todas as suas aventuras; relembrava a lista de seus infortúnios, desde a cadela da rainha até a chegada ao castelo do ladrão Arbogad.

– Ah! – disse ao pescador – Orcan merece ser punido. Mas em geral são esses homens que são os favorecidos pelo destino. De qualquer forma, vai ter com o senhor Cador e espera por mim.

Separaram-se; o pescador partiu, abençoando seu destino e Zadig foi correndo, amaldiçoando sempre o seu.

O Basilisco

Chegando numa bela pradaria, viu várias mulheres que procuravam alguma coisa com muita atenção. Tomou a liberdade de se aproximar de uma delas e lhe perguntar se poderia ter a honra de ajudá-las a procurar.

– De forma alguma poderá fazê-lo – respondeu a síria. O que nós procuramos só pode ser tocado por mulheres.

– Isso é realmente uma coisa muito estranha – disse Zadig. Não seria indiscrição perguntar-lhe que coisa é essa que só é permitido às mulheres tocar?

– É um basilisco – respondeu.

– Um basilisco, senhora! Mas por que motivo, por favor, procuram um basilisco?

– É para nosso amo e mestre Ogul, cujo castelo se avista à margem deste riacho, no fundo da pradaria.

Somos suas humildes escravas; o senhor Ogul está doente; seu médico lhe prescreveu comer um basilisco cozido em água de rosas; e como é um animal muito raro, que só se deixa apanhar por mulheres, o senhor Ogul prometeu escolher por mulher bem-amada, aquela dentre nós que lhe levasse um basilisco: deixe-me procurar, por favor, pois bem vê que me sairia muito caro se fosse preterida em favor de minhas companheiras.

Zadig deixou essa síria e as outras procurando seu basilisco e continuou passeando pela pradaria. Chegando à margem de um pequeno riacho, encontrou outra senhora agachada sobre a relva e que não procurava nada. Seu talhe parecia majestoso, mas seu rosto estava coberto por um véu.

Estava inclinada sobre o arroio e de sua boca saíam profundos suspiros. Segurava na mão uma varinha, com a qual traçava caracteres na areia fina que havia entre a relva e o riacho. Zadig teve a curiosidade de ver o que essa mulher escrevia; aproximou-se e viu a letra Z, depois um A: ficou surpreso; depois apareceu um D: estremeceu. Jamais houve surpresa igual à sua quando viu as duas últimas letras de seu nome. Permaneceu algum tempo imóvel; finalmente, rompendo o silêncio com voz entrecortada:

– Ó generosa senhora! Perdoe a um estrangeiro, a um infeliz, que ousa perguntar-lhe por que espantosa coincidência vejo aqui o nome de ZADIG escrito por sua mão divina?

A essa voz, a essas palavras, a senhora ergueu seu véu com mão trêmula, fitou Zadig, lançou um grito de ternura, de surpresa e de alegria e, sucumbindo a todos os mais variados sentimentos que lhe assaltavam ao mesmo tempo a alma, caiu desmaiada nos braços dele.

Era a própria Astartes, era a rainha de Babilônia, era aquela que Zadig adorava e que se recriminava por adorá-la, era aquela que tanto havia chorado e por cujo destino tanto receava.

Por um momento, viu-se privado do uso de seus sentidos e quando fitou os olhos naqueles de Astartes, que se reabriam com um langor mesclado de confusão e ternura, exclamou:

– Ó potências divinas! que presidis o destino dos frágeis humanos, então me devolveis Astartes? Em que tempo, em que lugar, em que estado a revejo!

Jogou-se de joelhos diante de Astartes e com sua fronte tocou a poeira de seus pés. A rainha de Babilônia o faz levantar e sentar ao lado dela, na margem desse riacho; enxugava repetidas vezes seus olhos, cujas lágrimas recomeçavam sempre a rolar.

Começava vinte vezes frases que seus gemidos interrompiam; interrogava-o sobre o acaso que os reunia e de repente interrompia a resposta com outras perguntas. Iniciava o relato de seus males e queria saber aqueles de Zadig. Finalmente, tendo ambos apaziguado um pouco o tumulto de suas almas, Zadig lhe contou em poucas palavras por que aventuras se encontrava nessa pradaria.

– Mas como, ó infeliz e respeitável rainha! a encontro neste lugar distante, vestida de escrava, e acompanhada por outras mulheres escravas que procuram um basilisco para cozinhá-lo em água de rosas por prescrição médica!?

– Enquanto elas procuram o basilisco – disse a bela Astartes – vou te contar tudo o que sofri e tudo o que perdôo ao céu desde que tornei a ver-te. Sabes que o rei, meu marido, não gostou muito de que fosses o mais amável dos homens e foi por esse motivo que decidiu, uma noite, mandar te estrangular e me envenenar. Sabes como o céu permitiu que meu pequeno mudo me avisasse da ordem de Sua Sublime Majestade. Logo que o fiel Cador te obrigou a me obedecer e a partir, ousou entrar, durante a madrugada, em meus aposentos por uma passagem secreta. Raptou-me e me levou para o templo de Orosmade, onde o mago, seu irmão, me encerrou numa estátua colossal cuja base toca os alicerces do templo e cuja cabeça atinge a abóbada. Ali fiquei como sepultada, mas atendida pelo mago e não me faltava nada do que fosse necessário. Entretanto, ao raiar do dia, o boticário de Sua Majestade entrou em meu quarto, com uma poção de jusquiana, de ópio, de cicuta, de eléboro negro e de acônito; outro oficial foi à tua casa com um laço de seda azul. Não encontraram ninguém. Cador, para enganar melhor o rei, fingiu vir acusar a nós dois. Disse que tu havias tomado o caminho da Índia e eu, aquele de Mênfis: enviaram oficiais no encalço de nós dois.

Os estafetas enviados que me procuravam não me conheciam. Eu quase nunca havia mostrado meu rosto senão a ti somente, em presença e por ordem de meu esposo. Correram em minha perseguição, fiados no retrato que lhes haviam traçado de minha pessoa: encontraram uma mulher do mesmo porte que eu, na fronteira do Egito, e que talvez tivesse mais encantos que eu.

Estava desolada, errante. Não duvidaram que fosse a rainha de Babilônia e a levaram a Moabdar. Esse equívoco levou o rei a ter acessos de violenta cólera; mas depois, observando mais de perto essa mulher, achou-a muito bonita e ficou consolado.

Ela se chamava Missuf. Disseram-me depois que esse nome significa, em língua egípcia, *a bela caprichosa*. Ela o era de fato, mas tinha tanta arte quanto capricho.

Agradou a Moabdar. Ela o subjugou a ponto de fazer com que ele a declarasse sua esposa. Seu caráter então se manifestou por inteiro; ela se entregou, sem temor, a todas as loucuras de sua imaginação.

Quis obrigar o chefe dos magos, que era velho e sofrendo da doença da gota, a dançar diante dela; ante a recusa do mago, moveu-lhe violenta perseguição.

Mandou o grande escudeiro fazer-lhe uma torta de confeitos. Por mais que o homem alegasse que não era doceiro, foi obrigado a fazer a torta; foi mandado embora porque a torta ficou queimada. Deu o cargo de grande escudeiro a seu anão e o posto de chanceler a um pajem. Foi assim que governou Babilônia.

Todos lamentavam a minha falta. O rei, que fora bastante justo até o momento em que resolveu envenenar-me e estrangular-te, parecia ter afogado suas virtudes no prodigioso amor que nutria pela bela caprichosa.

Compareceu ao templo no grande dia do fogo sagrado. Eu o vi implorar os deuses por Missuf, ao pé da estátua onde eu estava encerrada. Levantei a voz e lhe gritei: "Os deuses recusam os votos de um rei que se tornou tirano, que quis matar uma mulher sensata para desposar uma extravagante." Moabdar ficou tão confuso com essas palavras, que sua mente se perturbou.

O oráculo que eu havia proferido e a tirania de Missuf bastavam para levá-lo a perder o juízo. Enlouqueceu em poucos dias.

Sua loucura, vista como um castigo do céu, foi o sinal da revolta. Todos se sublevaram, correram às armas. Babilônia, por tanto tempo mergulhada em ociosa moleza, tornou-se teatro de uma guerra civil terrível. Retiraram-me do interior de minha estátua e me puseram à frente de um partido.

Cador correu até Mênfis para te reconduzir a Babilônia. O príncipe de Hircânia, informado dessas notícias funestas, voltou com seu exército para formar um terceiro partido na Caldéia. Atacou o rei, que correu contra ele com sua extravagante egípcia. Moabdar morreu varado de golpes. Missuf caiu nas mãos do vencedor. Quis a desgraça que eu também fosse presa por uma facção de Hircânia e fosse levada diante do príncipe precisamente no momento em que lhe apresentavam Missuf.

Ficarás sem dúvida lisonjeado ao saber que o príncipe me achou mais bonita que a egípcia, mas hás de ficar surpreso ao saber que ele me destinou a seu harém.

Ele me disse de modo resoluto que, mal terminasse uma expedição que ia empreender, viria ter comigo. Imagina qual não foi a minha dor. Meus laços com Moabdar estavam rompidos, eu poderia pertencer a Zadig e caía nas mãos desse bárbaro.

Respondi-lhe com toda a altivez que me conferiam minha posição e meus sentimentos. Sempre ouvira dizer que o céu concedia às pessoas de minha qualidade uma espécie de grandeza que, com uma palavra ou com um olhar, compeliam a humilhar-se com o mais profundo respeito os temerários que ousassem infringi-lo. Falei como rainha, mas fui tratada como ama de companhia.

O príncipe de Hircânia, sem ao menos se dignar me dirigir a palavra, disse a seu eunuco negro que eu era uma impertinente, mas que me achava bonita.

Ordenou-lhe que cuidasse de mim e me submetesse ao regime das favoritas, a fim de me embelezar a pele e me tornar mais digna de seus favores para o dia que lhe aprouvesse me honrar com eles.

Eu lhe disse que me mataria; replicou, rindo, que ninguém se matava por isso, que estava acostumado a essas cenas e me deixou como um homem que acaba de colocar um papagaio em seu quintal. Que situação para a primeira rainha do universo e, direi mais, para um coração que pertencia a Zadig!

A estas palavras, Zadig se prostrou a seus joelhos e os banhou de lágrimas. Astartes o soergueu carinhosamente e continuou desse modo:

– Eu me via em poder de um bárbaro e como rival de uma louca com quem me encontrava encerrada. Contou-me sua aventura no Egito. Eu julgava, pelos traços com os quais te pintava, pelo tempo, pelo dromedário que montavas, por todas as circunstâncias, que havia sido Zadig que combatera por ela. Não duvidava que tu estivesses em Mênfis e resolvi partir para lá.

– Bela Missuf – eu lhe disse – és muito mais sedutora que eu, saberás divertir muito mais o príncipe de Hircânia que eu. Facilita os meios para me salvar; reinarás sozinha; tu me farás feliz, ao mesmo tempo que te desembaraças de uma rival.

Missuf combinou comigo os preparativos da fuga. Parti, portanto, secretamente com uma escrava egípcia.

Estava perto da Arábia, quando um famoso salteador, chamado Arbogad, me raptou e me vendeu a mercadores que me trouxeram a este castelo, onde reside o senhor Ogul.

Este me comprou sem saber quem eu era. É um homem voluptuoso que só procura passar bem e que acredita que Deus o pôs no mundo para se banquetear. É de uma gordura excessiva que sempre parece prestes a sufocá-lo. Seu médico, que tem pouco crédito dele quando digere bem, o governa despoticamente quando come em demasia. Persuadiu-o que o curaria com um basilisco cozido em água de rosas.

O senhor Ogul prometeu sua mão àquela dentre suas escravas que lhe trouxesse um basilisco. Bem vês que as deixo se esforçarem à vontade para merecer essa honra e eu nunca tive a menor vontade de encontrar esse basilisco desde que o céu permitiu que eu te tornasse a ver.

Então Astartes e Zadig disseram um ao outro tudo o que sentimentos longamente retidos, tudo o que suas desventuras e seus amores podiam inspirar aos corações mais nobres e mais apaixonados; e os gênios que presidem o amor levaram suas palavras até a esfera de Vênus.

As mulheres retornaram para junto de Ogul sem haver encontrado nada. Zadig conseguiu ser apresentado a Ogul e lhe falou nos seguintes termos:

– Que a saúde imortal baixe do céu para tomar cuidado de todos os seus dias! Sou médico, acorri para junto do senhor ao saber de sua doença e trouxe um basilisco cozido em água de rosas. Não é o caso que eu pretenda desposá-lo; só peço a liberdade de uma jovem escrava de Babilônia que o senhor tem em seu poder há alguns dias; e consinto em ficar como escravo no lugar dela, se não tiver a ventura de curar o magnífico senhor Ogul.

A proposta foi aceita. Astartes partiu para Babilônia com o criado de Zadig, prometendo lhe enviar continuamente um estafeta para deixá-lo a par de tudo o que estava acontecendo. A despedida foi tão terna como havia sido seu reencontro. O momento em que nos tornamos a encontrar e aquele em que nos separamos são as duas maiores épocas da vida, como diz o grande livro de Zenda. Zadig amava a rainha tanto quanto o jurava a ela e a rainha amava Zadig mais do que o confessava a ele.

Nesse meio tempo, Zadig falou desse modo a Ogul:

– Senhor, meu basilisco não é de comer, toda a sua virtude deve penetrar no senhor pelos poros. Coloquei-o num pequeno odre bem inflado e recoberto por uma pele fina: é preciso que arremesse esse odre com toda a força e que eu o devolva outras tantas vezes; em poucos dias de regime verá o que pode minha arte.

Ogul, logo no primeiro dia, sentiu-se completamente exausto e julgou que ia morrer de fadiga. No segundo, cansou menos e dormiu melhor. Em oito dias, recuperou toda a sua força, a saúde, a leveza e a alegria de seus mais brilhantes anos.

– O senhor jogou bola e foi sóbrio – lhe disse Zadig. Saiba que não existe basilisco na natureza, que sempre temos boa saúde com sobriedade e exercício e que a arte de combinar a intemperança com a saúde é uma arte tão quimérica quanto a pedra filosofal, a astrologia judiciária e a teologia dos magos.

O primeiro médico de Ogul, reconhecendo quanto esse homem era perigoso para a medicina, uniu-se com o boticário do corpo para mandar Zadig procurar basiliscos no outro mundo. Assim, depois de ter sido sempre punido por ter procedido direito, estava na iminência de perecer por haver curado um senhor glutão. Convidaram-no para um excelente banquete. Deveria ser envenenado no segundo prato, mas recebeu um recado da bela Astartes durante o primeiro. Retirou-se da mesa e partiu. "Quando somos amados por uma bela mulher – diz o grande Zoroastro – sempre nos livramos de complicações neste mundo."

Os Combates

A rainha havia sido recebida em Babilônia com o entusiasmo que sempre inspira uma bela princesa que foi infeliz. Babilônia parecia então estar mais tranqüila. O príncipe de Hircânia fora morto num combate. Os babilônios, vencedores, declararam que Astartes desposaria aquele que ela escolhesse como soberano. Não queriam que o primeiro posto do mundo, que seria o de marido de Astartes e de rei de Babilônia, dependesse de intrigas e de cabalas. Juraram reconhecer como rei o mais valente e o mais sábio. Foi preparada, a algumas léguas da cidade, uma grande pista cercada de anfiteatros magnificamente ornamentados. Os combatentes deviam comparecer armados com todas as peças exigidas. Cada um devia ter, atrás dos anfiteatros, um aposento separado onde não devia ser visto nem reconhecido por ninguém. Haveria quatro turnos de corridas. Aqueles que tivessem a felicidade de vencer quatro cavaleiros deveriam combater em seguida uns contra os outros, de maneira que aquele que restasse por último senhor do campo seria proclamado campeão dos jogos. Devia voltar quatro dias depois, com as mesmas armas, e decifrar os enigmas propostos pelos magos. Se não resolvesse os enigmas, não seria rei e deveriam recomeçar as disputas dos jogos, até que se encontrasse um homem que fosse vencedor nos dois embates; de fato, queriam absolutamente como rei o mais valente e o mais sábio. A rainha, durante todo esse tempo, deveria ser estritamente guardada: apenas lhe era permitido assistir aos jogos, coberta com um véu, mas não se tolerava que falasse com nenhum dos pretendentes, a fim de que não houvesse favor nem injustiça.

Eis o que a rainha fazia saber a seu amante, esperando que ele demonstrasse por ela mais coragem e espírito que ninguém. Ele partiu, rogou a Vênus que lhe fortalecesse a coragem e esclarecesse o espírito. Chegou à margem do rio Eufrates na véspera desse grande dia. Inscreveu sua divisa entre os competidores, ocultando seu rosto e seu nome, como o ordenava a lei, e foi repousar no aposento que lhe coubera por sorte. Seu amigo Cador, que voltara a Babilônia depois de tê-lo procurado inutilmente no Egito, mandou levar aos aposentos dele uma armadura completa que a rainha lhe enviava. Mandou levar também, de sua parte, o mais belo cavalo da Pérsia. Zadig reconheceu a interferência de Astartes nesses presentes: sua coragem e seu amor cobraram novas forças e esperanças com eles.

No dia seguinte, a rainha veio se assentar sob um dossel de pedrarias, e os anfiteatros estavam tomados por todas as damas e todas as ordens de Babilônia; os competidores se apresentaram no palco do circo. Cada um deles foi depor sua divisa aos pés do grande mago. Tiraram à sorte as divisas; aquela de Zadig foi a última. O primeiro que se apresentou era um senhor muito rico, chamado Itobad, vaidoso ao extremo, pouco corajoso, muito inábil e sem espírito. Seus criados o haviam convencido de que um homem como ele deveria ser rei e Itobad lhes havia respondido: "Um homem como eu deve reinar". Assim, havia sido armado dos pés à cabeça. Trazia uma armadura de ouro esmaltada de verde, um penacho verde, uma lança ornada de fitas verdes. Logo se percebeu que, pela maneira como Itobad manobrava seu cavalo, que não era a um homem como ele que o céu reservava o cetro de Babilônia. O primeiro cavaleiro que correu contra ele o fez perder o equilíbrio; o segundo o jogou sobre a garupa do cavalo com as duas pernas para o ar e os braços estendidos. Itobad se recompôs, mas tão desajeitadamente, que todo o anfiteatro se pôs a rir. Um terceiro não se dignou servir-se da lança, mas, com uma hábil manobra, agarrou-o pela perna direita e, fazendo-o dar meia volta, derrubou-o na arena; os escudeiros dos jogos acorreram a ele rindo e o recolocaram na sela. O quarto combatente toma-o da perna esquerda e o faz cair do outro lado. Foi conduzido, sob vaias, para seu alojamento, onde devia passar a noite, segundo a lei; caminhando a custo, dizia "Que aventura para um homem como eu!"

Os outros cavaleiros tiveram melhor desempenho em sua apresentação. Houve alguns que venceram dois competidores sucessivamente; alguns chegaram a três. Somente o príncipe Otame venceu quatro. Finalmente, chegou a vez de Zadig; ele derrubou do cavalo quatro cavaleiros em seqüência com toda a graça possível. Viu-se, portanto, que o vencedor sairia entre Otame e Zadig. O primeiro usava armas azuis e ouro, com um penacho das mesmas cores; aquelas de Zadig eram brancas. Todos os votos se dividiam entre o cavaleiro azul e o cavaleiro branco. A rainha, com o coração palpitando, elevava orações ao céu pela cor branca.

Os dois campeões fizeram passos e voltas com tanta agilidade, trocaram tão belos golpes de lança, tão firmes estavam nos estribos, que todos, menos a rainha, desejavam que houvesse dois reis em Babilônia. Finalmente, com seus cavalos cansados e com suas lanças partidas, Zadig usou desse expediente: passa por trás do príncipe azul, salta na garupa do cavalo dele, agarra-o pela cintura, joga-o no chão, monta na sela em seu lugar e faz giros em torno de Otame, estendido na arena. Todo o anfiteatro grita: "Vitória ao cavaleiro branco!" Otame, indignado, levanta e saca de sua espada; Zadig apeia do cavalo, de sabre em punho. Aí estão os dois na arena, empenhados em novo combate, no qual vencem alternadamente a força e a agilidade. As plumas de seus capacetes, os pregos de suas braçadeiras, as malhas de suas armaduras saltam ao longe sob mil golpes precipitados. Golpeiam de ponta e de fio, à direita, à esquerda, na cabeça, no peito; recuam, avançam, se medem, se chocam, se agarram, se enroscam como serpentes, se atracam como leões; a todo instante saltam faíscas dos golpes que vibram. Por fim, Zadig, retomando por um momento suas energias, se detém, faz uma finta, passa por Otame, o faz cair, o desarma e Otame exclama: "Ó cavaleiro branco! És tu que deves reinar em Babilônia". A rainha estava no auge da alegria. Conduziram o cavaleiro azul e o cavaleiro branco a seus respectivos alojamentos, bem como todos os outros, conforme rezava a lei. Homens mudos vieram servi-los e trazer-lhes alimento. Pode-se imaginar se não foi aquele pequeno mudo da rainha quem serviu Zadig. Em seguida, deixaram-nos dormir a sós até o dia seguinte de manhã, até o momento em que o vencedor devia levar sua divisa ao grande mago, para ser conferida e dar-se a conhecer.

Zadig dormiu, embora apaixonado, tão exausto estava. Itobad, que repousava no alojamento ao lado, não conseguiu dormir. Levantou-se durante a noite, entrou no aposento vizinho, tomou as armas brancas de Zadig com a respectiva divisa e colocou sua armadura verde no lugar da outra. Ao amanhecer compareceu orgulhosamente diante do grande mago, declarando que um homem como ele era o vencedor. Ninguém o esperava, mas foi proclamado como tal enquanto Zadig ainda dormia. Astartes, surpresa, e com o desespero no coração, regressou a Babilônia. Todo o anfiteatro já estava quase vazio quando Zadig despertou; procurou suas armas e só encontrou aquela armadura verde. Viu-se obrigado a usá-la, pois não tinha mais nada junto de si. Surpreso e indignado, veste-a com furor e vai apresentar-se com essa armadura.

Todos aqueles que ainda permaneciam no anfiteatro e no circo o receberam com vaias. Rodeavam-no e o insultavam na cara. Jamais homem algum experimentou tão humilhantes mortificações. Perdeu então a paciência; dispersou a golpes de sabre o povo que ousava ultrajá-lo, mas não sabia o que fazer. Não podia ver a rainha; não podia reclamar a armadura branca que ela lhe havia enviado: seria comprometê-la. Assim, enquanto ela estava mergulhada na dor, ele estava repleto de furor e de inquietação. Passeava pelas margens do rio Eufrates, persuadido de que sua estrela o destinava a ser irremediavelmente infeliz, repassando em sua mente todas as suas desgraças, desde a aventura da mulher que odiava os caolhos até aquela de sua armadura. "Aí está no que deu, dizia, por ter-me acordado tarde; se tivesse dormido menos, seria rei de Babilônia e possuiria Astartes. As ciências, os costumes, a coragem só e sempre serviram, portanto, para meu infortúnio." Escapou-lhe, por fim, murmurar contra a providência e foi tentado a crer que tudo era governado por um destino cruel que oprimia os bons e fazia prosperar os cavaleiros verdes. Uma de suas mágoas era carregar essa armadura verde que lhe havia atraído tantas vaias.

Um mercador passou por perto, vendeu-a a ele a preço vil, e comprou do mercador uma túnica e um boné grande. Nessa indumentária, passeava ao longo do Eufrates, cheio de desespero e acusando em segredo a providência, que o perseguia sempre.

O Eremita

Caminhando, encontrou um eremita, cuja barba branca e venerável lhe caía até a cintura. Tinha na mão um livro que lia atentamente. Zadig parou e lhe fez uma profunda reverência. O eremita o cumprimentou com um ar tão nobre e tão pacífico, que Zadig teve curiosidade de conversar com ele. Perguntou-lhe que livro lia.

– É o livro dos destinos – disse o eremita. Quer ler um pouco?

Pôs o livro nas mãos de Zadig que, por mais versado que fosse em várias línguas, não conseguiu decifrar uma única letra do livro. Isso redobrou sua curiosidade.

– Pareces bastante aborrecido – lhe disse esse bom religioso.

– Infelizmente! Tenho motivos para tanto! – disse Zadig.

– Se me permites que te acompanhe – continuou o ancião – talvez eu possa te ser útil: às vezes consegui incutir sentimentos de consolo na alma dos infelizes.

Zadig sentiu-se tomado de respeito pela aparência, pelas barbas e pelo livro do eremita. Descobriu em sua conversa luzes superiores. O eremita falava do destino, da justiça, da moral, do bem soberano, da fraqueza humana, das virtudes e dos vícios, com eloqüência tão viva e tocante, que Zadig se sentiu atraído para ele por um invencível encanto. Pediu-lhe com insistência que não o deixasse até que pudessem retornar a Babilônia.

– Eu mesmo te peço esse favor – lhe disse o velho. Jura, por Orosmade, que não te separarás de mim, desde agora até daqui a poucos dias, qualquer que seja o que eu venha a fazer.

Zadig jurou e partiram juntos.

Os dois viajantes chegaram ao anoitecer a um soberbo castelo. O eremita pediu hospitalidade para ele e para o jovem que o acompanhava. O porteiro, que poderia ter sido tomado por um grande senhor, os introduziu com uma espécie de bondade desdenhosa. Foram apresentados a um dos criados principais, que lhes mostrou os magníficos aposentos do amo. Foram admitidos à mesa dele, bem na extremidade oposta, sem que o senhor do castelo se dignasse honrá-los com um olhar, mas foram servidos como os outros, com delicadeza e profusão. Para lavar-se depois da refeição, apresentaram-lhes uma bacia de ouro guarnecida de esmeraldas e rubis. Levaram-nos a deitar num belo aposento e, na manhã seguinte, um criado entregou a cada um uma moeda de ouro; depois disso, foram despedidos.

– O dono da casa – disse Zadig pelo caminho – me parece um homem generoso, embora um pouco altivo; exerce nobremente a hospitalidade.

Ao dizer essas palavras, percebeu que uma espécie de bolsa muito grande, que o eremita trazia, parecia distendida e inchada: viu nela a bacia de ouro guarnecida de pedrarias, que este havia roubado. Não ousou dizer coisa alguma de imediato, mas se sentia tomado por uma estranha surpresa.

Em torno do meio-dia, o eremita se apresentou à porta de uma casa muito pequena, onde morava um rico avarento; pediu hospitalidade por algumas horas. Um velho criado malvestido o recebeu com um tom rude e fez entrar o eremita e Zadig na estrebaria, onde lhes serviram algumas azeitonas podres, pão duro e cerveja estragada. O eremita bebeu e comeu com um ar tão contente como na véspera; depois, dirigindo-se a esse velho criado, que observava os dois para ver se não roubavam nada e os instava para que partissem, deu-lhe as duas moedas de ouro que recebera de manhã e lhe agradeceu toda a sua atenção.

– Peço-te – acrescentou – que me leves à presença de teu amo.

O criado, surpreso, introduziu os dois viajantes.

– Magnífico senhor – disse o eremita – não posso deixar de lhe agradecer humildemente pela nobre maneira com que nos recebeu: digne-se aceitar esta bacia de ouro como modesto penhor de minha gratidão.

O avarento quase caiu para trás. O eremita, sem lhe dar tempo para que se recuperasse de seu assombro, partiu às pressas com seu jovem viajante.

– Senhor – lhe disse Zadig – que significa isso tudo que estou vendo? Não se parece em nada com os outros homens: rouba uma bacia de ouro guarnecida de pedrarias a um senhor que o recebe magnificamente e a dá de presente a um avarento que o trata com indignidade.

– Meu filho – respondeu o velho – esse homem magnífico, que só recebe os estranhos por vaidade e para fazê-los admirar suas riquezas, se tornará mais sensato; o avarento aprenderá a exercer a hospitalidade: não te espantes com nada e segue-me.

Zadig não sabia ainda se estava tratando com o mais louco ou com o mais sábio dos homens; mas o eremita falava com tanta autoridade que Zadig, ligado por outro lado por seu juramento, não pôde deixar de segui-lo.

Ao cair da tarde chegaram a uma casa construída de forma agradável, mas simples, onde nada denunciava prodigalidade ou avareza. O dono era um filósofo que se havia retirado do mundo, que cultivava em paz a sabedoria e a virtude e que, no entanto, não se aborrecia. Aprouvera-lhe construir esse retiro, onde recebia os estranhos com uma nobreza que nada tinha de ostentação. Ele próprio foi ao encontro dos dois viajantes e os convidou primeiro a repousar num aposento confortável. Algum tempo depois veio pessoalmente chamá-los e convidá-los para uma refeição sadia e variada, durante a qual falou com discrição sobre as últimas revoluções de Babilônia. Pareceu sinceramente devotado à rainha e mostrou-se desejoso que Zadig tivesse comparecido aos jogos para disputar a coroa. "Mas os homens – acrescentou – não merecem ter um rei como Zadig". Este enrubescia e sentia seus sofrimentos redobrar. Durante a conversa, concordaram que as coisas deste mundo nem sempre caminhavam conforme o agrado dos mais sensatos. O eremita sustentou sempre que ninguém conhecia os caminhos da providência e que os homens estavam equivocados ao julgar um todo do qual só percebiam a parte mais insignificante.

Falaram a seguir sobre as paixões.

– Ah! como são funestas! – dizia Zadig.

– São como os ventos que enfunam as velas do barco – interveio o eremita. Elas o submergem às vezes, mas sem elas não se poderia singrar. A bílis o torna colérico e doente, mas sem a bílis o homem não poderia viver. Tudo é perigoso neste mundo e tudo é necessário.

Falaram do prazer, e o eremita provou que é um presente da divindade, "pois – dizia – o homem não pode dar a si próprio nem sensações nem idéias, recebe tudo; a dor e o prazer lhe vêm de fora, como sua existência."

Zadig estava admirado de como um homem que havia feito coisas tão extravagantes podia raciocinar tão bem. Finalmente, depois de uma conversa tão instrutiva como agradável, o proprietário reconduziu os hóspedes a seu aposento, bendizendo o céu por lhe ter enviado dois homens tão sábios e tão virtuosos. Ofereceu-lhes dinheiro de um modo natural e nobre que não podia melindrar. O eremita o recusou e lhe disse que deveria se despedir nesse momento, porquanto pretendia partir para Babilônia antes do raiar do dia. A separação foi comovente; Zadig, sobretudo, se sentia cheio de estima e de simpatia por homem tão amável.

Quando o eremita e ele estavam a sós no apartamento, ficaram longo tempo tecendo elogios a seu hospedeiro. O velho, antes do raiar do dia, despertou Zadig.

– Temos de partir, disse. Mas, enquanto todos estão dormindo ainda, quero deixar a esse homem um testemunho de minha estima e de minha afeição.

Dizendo essas palavras, tomou uma tocha e ateou fogo à casa. Zadig, espantado, começou a gritar e quis impedi-lo de cometer ação tão horrenda. O eremita o arrastava com uma força superior; a casa estava em chamas. Quando já se encontrava bastante longe com seu companheiro, o eremita a contemplava tranqüilamente enquanto ardia. "Graças a Deus! – disse – aí está a casa de meu querido hospedeiro, destruída dos alicerces ao teto! O homem feliz!" A essas palavras, Zadig se sentiu ao mesmo tempo tentado de cair em gargalhadas, de explodir em injúrias contra o reverendo eremita, de bater nele e de fugir; mas não fez nada disso e, sempre dominado pela autoridade do eremita, seguiu-o a contragosto até a última pousada.

Foi em casa de uma viúva caridosa e virtuosa que tinha um sobrinho de catorze anos, cheio de encantos e sua única esperança. Ela se esmerou o quanto pôde para fazer as honras da casa. No dia seguinte, mandou o sobrinho acompanhar os viajantes até uma ponte que, danificada há pouco tempo, se havia tornado uma passagem perigosa. O jovem, solícito, caminhava na frente deles. Ao chegarem à ponte, o eremita disse ao menino:

– Vem cá, pois quero deixar um sinal de reconhecimento a tua tia.

Agarra-o então pelos cabelos e o joga no rio. O menino cai na água, reaparece por um instante à tona e é engolido pela torrente.

– Ó monstro! Ó celerado, dentre todos os homens o mais celerado! – gritou Zadig.

– Tu me havias prometido mais paciência – lhe disse o eremita, interrompendo-o. Fica sabendo que, debaixo das ruínas dessa casa que a providência incendiou, o proprietário encontrou um tesouro imenso; fica sabendo também que esse jovem, a quem a providência torceu o pescoço, teria assassinado sua tia dentro de um ano e a ti daqui a dois anos.

– Quem te disse isso, bárbaro? – vociferou Zadig. Mesmo que o senhor tivesse lido essa ocorrência em seu livro dos destinos, porventura lhe seria permitido afogar uma criança que não lhe fez nenhum mal?

Enquanto o babilônio Zadig falava, percebeu que o velho já não tinha barba, que seu rosto adquiria os traços da juventude. Seu hábito de eremita desapareceu; quatro belas asas cobriam um corpo majestoso e resplandecente de luz.

– Ó enviado do céu! Ó anjo divino! – exclamou Zadig, prosternando-se. Desceu, pois, da morada celeste para ensinar um fraco mortal a se submeter às ordens eternas?

– Os homens – disse o anjo Jesrad – julgam tudo sem nada conhecer: tu eras, entre todos os homens, quem mais merecia ser esclarecido.

Zadig lhe pediu permissão para falar.

– Desconfio de mim próprio – disse – mas ouso lhe pedir que me esclareça uma dúvida; não teria sido melhor corrigir esse menino e torná-lo virtuoso, em vez de afogá-lo?

– Se ele tivesse sido virtuoso e se tivesse vivido – retrucou Jesrad – seu destino era de ser ele próprio assassinado com a mulher que deveria desposar e com o filho que deveriam ter.

– Mas como! – exclamou Zadig. É portanto necessário que haja crimes e desgraças? E que as desgraças recaiam sobre as pessoas de bem?

– Os maus – respondeu Jesrad – são sempre infelizes: servem para pôr à prova um reduzido número de justos espalhados sobre a terra e não há mal do qual não resulte um bem.

– Mas – disse Zadig – e se só houvesse bem e nenhum mal?

– Então – respondeu Jesrad – este mundo seria outro, o encadeamento dos fatos obedeceria a outra ordem de sabedoria; e essa outra ordem, que seria perfeita, só pode existir na morada eterna do ser supremo, de quem o mal não pode se aproximar. Ele criou milhões de mundos, nenhum dos quais pode se assemelhar a outro. Essa imensa variedade é um atributo de seu poder imenso. Não há nem duas folhas de árvore na terra, nem dois globos nos campos infinitos do céu que sejam semelhantes, e tudo o que vês sobre o pequeno átomo em que nasceste devia estar em seu lugar e em seu tempo fixo, segundo as ordens imutáveis daquele que tudo abrange. Os homens pensam que esse menino que acaba de perecer caiu no rio por acaso, que é por um idêntico acaso que essa casa queimou; mas não há acaso: tudo é prova, ou punição, ou recompensa, ou previdência. Lembra-te daquele pescador que se julgava o mais infeliz dos homens. Orosmade te enviou para mudar o destino dele. Frágil mortal! Pára de argumentar contra aquilo que se deve adorar.

– Mas – disse Zadig...

Enquanto dizia *mas*, o anjo já alçava seu vôo para a décima esfera. Zadig, de joelhos, adorou a providência e se sujeitou. O anjo lhe gritou do alto dos ares:

– Retoma teu caminho para Babilônia.

Os Enigmas

Zadig, fora de si e como um homem junto de quem tivesse caído um raio, caminhava ao acaso. Entrou em Babilônia no dia em que aqueles que haviam combatido no torneio já estavam reunidos no grande vestíbulo do palácio para decifrar os enigmas e para responder às perguntas do grande mago. Todos os cavaleiros tinham chegado, exceto aquele de armadura verde. Logo que Zadig apareceu na cidade, o povo se reuniu em torno dele; os olhos não se saciavam de contemplá-lo, as bocas de abençoá-lo, os corações de lhe desejar o império. O invejoso o viu passar, estremeceu e se voltou de lado; o povo o levou até o local da assembléia. A rainha, a quem haviam comunicado sua chegada, foi tomada por agitações de temor e de esperança; a inquietação a devorava: não podia compreender porque Zadig estava sem armas, nem como Itobad trazia a armadura branca. Um murmúrio confuso se elevou à vista de Zadig. Todos estavam surpresos e encantados em tornar a vê-lo; mas só aos cavaleiros que haviam combatido era permitido comparecer na assembléia.

– Combati como qualquer outro – disse Zadig – mas outro está usando aqui minhas armas; e, enquanto aguardo a honra de prová-lo, peço permissão para me apresentar na decifração dos enigmas.

Puseram a proposta em votação: sua reputação de probidade estava ainda tão fortemente impressa na mente de todos, que não houve hesitação em admiti-lo.

O grande mago propôs primeiramente a seguinte pergunta:

– Qual é, de todas as coisas do mundo, a mais longa e a mais curta, a mais rápida e a mais lenta, a mais divisível e a mais extensa, a mais negligenciada e a mais lamentada, sem que nada se possa fazer, que devora tudo o que é pequeno e que vivifica tudo o que é grande?

Cabia a Itobad falar. Respondeu que um homem como ele nada entendia de enigmas e que lhe bastava ter vencido com espetaculares golpes de lança. Alguns disseram que a chave do enigma era a fortuna, outros a terra, outros a luz. Zadig disse que era o tempo.

– Nada é mais longo – acrescentou – porquanto é a medida da eternidade; nada é mais curto, porquanto falta a todos os nossos projetos; nada mais lento para quem espera; nada mais rápido para quem desfruta a vida; estende-se em grandeza até o infinito; divide-se até o infinito em pequenez; todos os homens o negligenciam, todos lamentam sua perda; nada se faz sem ele; faz esquecer tudo o que é indigno da posteridade e imortaliza as grandes coisas".

A assembléia concordou que Zadig estava certo.

A pergunta seguinte foi: "Qual é a coisa que se recebe sem agradecer, que se usufrui sem saber como, que é entregue aos outros quando não se sabe onde é que se está e que se perde sem perceber?"

Cada um deu sua explicação. Somente Zadig adivinhou que era a vida. Decifrou todos os outros enigmas com a mesma facilidade. Itobad dizia sempre que nada era mais fácil e que ele também teria resolvido o enigma com tanta facilidade, se se tivesse dado realmente ao trabalho para isso. Foram propostas questões sobre a justiça, sobre o soberano bem, sobre a arte de reinar. As respostas de Zadig foram julgadas as mais sólidas. "É uma pena – diziam – que um espírito tão bom seja um cavaleiro tão ruim."

– Ilustres senhores – disse Zadig – tive a honra de vencer o torneio. A armadura branca me pertence. O senhor Itobad se apoderou dela enquanto eu dormia; julgou aparentemente que lhe assentaria melhor que a verde. Estou disposto a provar em primeiro lugar diante de todos, com esta túnica que visto e com minha espada, contra toda essa bela armadura branca que me tomou, que fui eu que tive a honra de vencer o bravo Otame.

Itobad aceitou o desafio com a maior confiança. Não duvidava que, estando de capacete, couraça e braçadeiras, venceria facilmente um campeão com touca de dormir e enfiado num roupão. Zadig puxou da espada, cumprimentando a rainha que o contemplava cheia de alegria e temor. Itobad sacou da sua, sem cumprimentar ninguém. Avançou sobre Zadig como um homem que nada tinha a temer. Estava prestes a lhe fender a cabeça, mas Zadig soube aparar o golpe, opondo o que se chama o forte da espada ao fraco de seu adversário, de modo que a espada de Itobad se rompeu. Então Zadig, agarrando o inimigo pelo tronco, o derrubou no chão; e, colocando a ponta da espada na frincha da couraça, lhe disse: "Deixa-me desarmar-te ou eu te mato".

Itobad, sempre surpreso com as desgraças que aconteciam a um homem como ele, deixou que Zadig lhe tirasse tranqüilamente o magnífico capacete, a soberba couraça, suas belas braçadeiras, suas brilhantes proteções das coxas. Zadig os vestiu e, com essa armadura, correu para se jogar aos pés de Astartes.

Cador provou facilmente que a armadura pertencia a Zadig. Foi proclamado rei por um consenso unânime e sobretudo por aquele de Astartes que, após tantas adversidades, desfrutava da doçura de ver seu amante digno, aos olhos do universo, de ser seu esposo. Itobad foi fazer-se chamar de senhor em sua casa.

Zadig foi rei, e foi feliz. Tinha presente no espírito o que lhe havia dito o anjo Jesrad. Lembrava-se até mesmo do grão de areia convertido em diamante. A rainha e ele adoraram a providência. Zadig deixou a bela caprichosa Missuf correr mundo. Mandou chamar o salteador Arbogad, a quem confiou um honroso posto em seu exército, com a promessa de elevá-lo às mais altas dignidades se se comportasse como verdadeiro guerreiro e de enforcá-lo se voltasse a se entregar à profissão de salteador.

Setoc foi chamado dos confins da Arábia, com a bela Almona, para dirigir o comércio de Babilônia. Cador obteve a posição e a estima que mereciam seus serviços; era o amigo do rei e o rei foi então o único monarca da terra que tinha um amigo. O pequeno mudo não foi esquecido. O pescador ganhou uma bela casa. Orcan foi condenado a lhe pagar uma grande soma e a lhe devolver a mulher; mas o pescador, que se tornara sábio, só ficou com o dinheiro.

Nem a bela Semira se consolava de haver acreditado que Zadig era caolho, nem Azora cessava de chorar por ter tentado lhe cortar o nariz. Ele amenizou o pesar das duas com bons presentes. O invejoso morreu de raiva e de vergonha. O império gozou de paz, de glória e de abundância; foi o século mais belo da terra: era governada pela justiça e pelo amor. Todos bendiziam Zadig e Zadig bendizia o céu.

APÊNDICE[4]

A Dança

Setoc devia ir, para assuntos comerciais, até a ilha de Serendib. Mas o primeiro mês de seu casamento que é, como se sabe, a lua-de-mel, não lhe permitia deixar a esposa, nem supor que jamais pudesse deixá-la; pediu a Zadig que fizesse a viagem em seu lugar. "Ai! – dizia Zadig – era o que faltava ter de colocar mais uma vez maior distância entre mim e a bela Astartes? Mas não há como deixar de servir meus benfeitores". Falou, chorou e partiu.

Não estava há muito tempo na ilha de Serendib sem que já fosse considerado um homem extraordinário. Tornou-se árbitro de todas as divergências entre os comerciantes, amigo dos sábios e conselheiro do pequeno número de pessoas que pede conselhos. O rei quis vê-lo e ouvi-lo. Reconheceu logo todo o valor de Zadig; confiou em sua sabedoria e fez

(4) Estes dois capítulos que compõem o apêndice foram acrescidos ao texto somente após a morte de Voltaire. Ele os havia redigido bem antes, mas os conservara inéditos, não se sabe porquê. Editores houve que incluíram estes dois capítulos antes do capítulo intitulado "O Salteador".

dele seu amigo. A familiaridade e a estima do rei fizeram Zadig tremer. Dia e noite recordava os males que lhe haviam acarretado as boas graças de Moabdar. "Caí no agrado do rei – pensava – será que não estou perdido?" Entretanto, não podia furtar-se às gentilezas de Sua Majestade, pois cumpre informar que Nabussan, rei de Serendib, filho de Nussanab, filho de Nabassun, filho de Sanbusná, era um dos melhores príncipes da Ásia; e, quando alguém falava com ele, era difícil deixar de amá-lo.

Esse bom príncipe era sempre elogiado, enganado e roubado; apostavam para ver quem lhe pilhava mais os tesouros. O recebedor geral da ilha de Serendib dava sempre o exemplo, seguido fielmente pelos outros. O rei o sabia; havia trocado de tesoureiro várias vezes, mas não havia conseguido mudar o costume estabelecido de dividir os rendimentos do rei em duas partes desiguais, sendo que a menor delas cabia sempre a Sua Majestade e a maior, aos administradores.

O rei Nabussan confiou seus cuidados ao sábio Zadig.

– Tu que sabes tantas belas coisas – lhe disse – não saberias o meio de encontrar um tesoureiro que não me roube?

– Com toda a certeza – respondeu Zadig. Sei de um meio infalível de lhe apresentar um homem de mãos limpas.

O rei, encantado, abraçando-o, lhe perguntou como deveria proceder.

– É só fazer dançar – disse Zadig – todos aqueles que se candidatarem ao cargo de tesoureiro; aquele que dançar com mais leveza será infalivelmente o homem mais honesto.

– Estás zombando – disse o rei – pois não deixa de ser uma maneira engraçada para escolher um administrador de minhas finanças! Não acredito, julgas então que aquele que der pulinhos mais delicados será o administrador mais íntegro e mais hábil!

– Não garanto que haverá de ser o mais hábil – retrucou Zadig – mas asseguro que será indubitavelmente o mais honesto.

Zadig falava com tamanha segurança que o rei julgou que ele tinha algum segredo sobrenatural para conhecer os administradores.

– Não gosto do sobrenatural – disse Zadig – sempre detestei pessoas e livros que falam de prodígios; se Vossa Majestade me deixar fazer a prova que lhe proponho, ficará convencido de que meu segredo é a coisa mais simples e mais fácil que possa existir.

Nabussan, rei de Serendib, ficou mais espantado ainda ao ouvir que esse segredo era mais simples do que se o tivessem apresentado a ele como um milagre.

– Pois bem! – disse. Faz como bem entenderes.

– Deixe isso comigo – disse Zadig – e com essa experiência haverá de ganhar muito mais do que pensa.

No mesmo dia mandou publicar, em nome do rei, que todos os pretendentes ao cargo de alto recebedor dos tributos de Sua Graciosa Majestade Nabussan, filho de Nussanab, deveriam se apresentar, vestidos de seda leve, no primeiro dia da lua do crocodilo, na ante-sala do rei. Compareceram sessenta e quatro no total. Tinham reunido violonistas num salão contíguo; tudo estava pronto para o baile; mas a porta desse salão estava fechada e, para entrar nele, era preciso passar por uma pequena galeria bastante escura. Um porteiro vinha buscar e introduzir cada candidato, um após outro, por essa passagem, onde o candidato era deixado sozinho por alguns minutos. O rei, que estava a par de tudo, havia exposto todos os seus tesouros nessa galeria. Depois que todos os pretendentes haviam chegado ao salão, Sua Majestade lhes ordenou que dançassem. Jamais se dançou tão pesadamente e com menos graça; todos tinham a cabeça baixa, o tronco encurvado, as mãos coladas ao corpo. "Que velhacos!" – dizia Zadig em voz baixa. Um só dentre eles dava seus passos com agilidade, de cabeça alta, olhar seguro, braços estendidos, corpo reto e pernas firmes. "Ah! que homem honesto! Que bravo homem!" – dizia Zadig.

O rei abraçou esse bom dançarino, nomeou-o tesoureiro e todos os outros foram punidos e multados com a maior justiça do mundo, pois cada um deles, durante o tempo em que estivera na galeria, havia enchido seus bolsos e mal podia caminhar. O rei ficou irritado com a natureza humana porquanto desses sessenta e quatro dançarinos, sessenta e três eram gatunos. A galeria escura foi chamada *o corredor da tentação*. Se fosse na Pérsia, teriam empalado esses sessenta e três senhores; em outros países, formariam um tribunal de justiça que consumiria nas custas do processo o triplo do dinheiro roubado e que nada seria reposto nos cofres do soberano; em outro reino, os sessenta e três se justificariam plenamente e fariam cair em descrédito aquele dançarino tão leviano; em Serendib, foram condenados apenas para aumentar o tesouro público, pois Nabussan era muito indulgente

Era também muito reconhecido: deu a Zadig uma soma de dinheiro mais considerável do que aquela que qualquer tesoureiro já tivesse roubado ao rei seu senhor. Zadig utilizou o dinheiro para enviar mensageiros a Babilônia, que deviam informá-lo do destino de Astartes. Sua voz tremeu ao dar essa ordem, o sangue fluiu para seu coração, seus olhos se cobriram de trevas, sua alma esteve a ponto de abandoná-lo. O mensageiro partiu, Zadig o viu embarcar; entrou no palácio real, sem ver ninguém, como se estivesse em seu quarto, e pronunciando a palavra amor.

– Ah! o amor - disse o rei – é precisamente do que se trata; adivinhaste minha pena. És realmente um grande homem! Espero que me ensines a descobrir uma mulher acima de qualquer suspeita, como me levaste a encontrar um tesoureiro desinteressado.

Zadig, voltando a si, prometeu ajudá-lo no amor como o fizera nas finanças, embora a coisa lhe parecesse ainda mais difícil.

Os Olhos Azuis

– O corpo e o coração... – disse o rei a Zadig.

A essas palavras, o babilônio não pôde deixar de interromper Sua Majestade.

– Sou-lhe realmente grato por não ter dito *o espírito e o coração*! Pois só se ouvem estas palavras nas conversas de Babilônia; não se vê mais que livros tratando do coração e do espírito, escritos por pessoas que não têm nem um nem outro; mas tenha a bondade de prosseguir.

Nabussan continuou:

– O corpo e o coração em mim são destinados a amar; a primeira dessas duas potências tem todos os motivos para estar satisfeita. Tenho aqui cem mulheres a meu serviço, todas belas, bondosas, solícitas, voluptuosas até ou que fingem ser comigo. Meu coração já não é tão feliz. Tenho visto em demasia que todas procuram agradar muito o rei de Serendib e que muito pouco se importam com Nabussan. Não que eu julgue infiéis minhas mulheres, mas gostaria de encontrar uma alma que fosse minha; daria por esse tesouro as cem belezas de quem possuo os encantos: vê se podes, entre essas cem sultanas, encontrar uma de quem eu possa ter certeza de ser amado.

Zadig lhe respondeu como havia feito por ocasião dos administradores:

– Majestade, deixe-me cuidar do caso; mas permita-me primeiramente que eu disponha do que Vossa Majestade expôs na galeria da tentação; eu lhe darei conta de tudo e não perderá nada.

O rei o deixou como senhor absoluto. Zadig selecionou em Serendib trinta e três pequenos corcundas, dos mais feios que pôde encontrar, trinta e três dos mais belos pajens e trinta e três bonzos dos mais eloqüentes e robustos. Concedeu a todos plena liberdade de entrar nas celas das sultanas. Cada corcunda recebeu quatro mil moedas de ouro para dar; e logo no primeiro dia todos eles foram felizes. Os pajens, que não tinham nada a dar senão a si próprios, só tiveram sucesso ao final de dois ou três dias. Os bonzos tiveram um pouco mais de dificuldade; mas finalmente trinta e três devotas se entregaram a eles. O rei, por pequenos orifícios que davam para todas as celas, viu todas essas provas e ficou maravilhado. De suas cem mulheres, noventa e nove sucumbiram a seus próprios olhos.

Restava apenas uma bem jovem, muito nova, de quem Sua Majestade jamais se havia aproximado. Enviaram a ela um, dois, três corcundas que lhe ofereceram até vinte mil moedas; ela foi incorruptível e não pôde deixar de rir da idéia que se faziam esses corcundas, pensando que o dinheiro os tornaria mais bem-feitos. Apresentaram-lhe os dois pajens mais belos; ela disse que achava o rei ainda mais lindo. Deixaram com ela o mais eloqüente dos bonzos e em seguida o mais intrépido; ela achou o primeiro um tagarela e não se dignou nem mesmo a perder tempo em analisar o mérito do segundo. "O coração é tudo, dizia ela. Nunca vou ceder ao ouro de um corcunda nem às graças de um jovem nem às seduções de um bonzo; amarei unicamente Nabussan, filho de Nussanab, e espero que ele se digne me amar." O rei ficou extasiado de alegria, de espanto e de ternura. Recolheu todo o dinheiro que fizera o sucesso dos corcundas e o deu de presente à bela Falide; este era o nome da jovem mulher. Deu-lhe seu coração: ela bem o merecia. Jamais foi tão brilhante a flor da juventude; jamais os encantos da beleza foram tão sedutores. A verdade da história não permite calar que ela não sabia fazer direito a reverência, mas dançava como as fadas, cantava como as sereias e falava como as Graças: era cheia de talentos e virtudes.

Nabussan, amado, a adorou; mas Falide tinha olhos azuis e isso foi a fonte das maiores desgraças. Havia uma antiga lei que proibia aos reis amar uma dessas mulheres, que os gregos depois chamaram de *boópis*[1]. Fazia mais de cinco mil anos que o chefe dos bonzos havia estabelecido essa lei; havia sido com a intenção de se apossar da amante do primeiro rei da ilha de Serendib que esse primeiro bonzo havia feito passar o anátema dos olhos azuis como lei fundamental na constituição do Estado. Todas as ordens do império vieram fazer advertências a Nabussan. Dizia-se publicamente que os últimos dias do reino haviam chegado, que a abominação atingira o auge, que toda a natureza estava ameaçada de um acontecimento sinistro, que, numa palavra, Nabussan, filho de Nussanab, amava dois grandes olhos azuis. Os corcundas, os administradores, os bonzos e as morenas encheram o reino com suas queixas. Os povos selvagens que habitam o norte de Serendib se aproveitaram desse descontentamento geral. Irromperam nos Estados do bom Nabussan. Ele pediu subsídios a seus súditos; os bonzos, que possuíam metade da renda do Estado, se contentaram em erguer as mãos para o céu e se recusaram a metê-las em seus cofres para ajudar o rei. Fizeram belas orações acompanhadas de música e deixaram o Estado à mercê dos bárbaros.

– Ó meu caro Zadig, será que conseguirás me tirar deste horrível embaraço? – exclamou dolorosamente Nabussan.

– De bom grado – respondeu Zadig. Vossa Majestade terá dinheiro dos bonzos, quanto quiser. Deixe indefesas as terras onde estão situados seus castelos e defenda unicamente as suas.

Nabussan não deixou de fazê-lo; os bonzos vieram prostrar-se aos pés do rei e implorar sua assistência. O rei lhes respondeu

(1) *Termo grego derivado de* bóus, boós, *boi;* boópis *significa literalmente* de olhos de boi, *ou seja, de olhos grandes (N. do T.).*

com uma bela canção, cuja letra era uma prece ao céu pela conservação de suas terras. Finalmente, os bonzos deram dinheiro e o rei acabou a guerra com sucesso. Assim Zadig, com seus sábios e oportunos conselhos e pelos grandes serviços que prestava, havia atraído sobre si a irreconciliável inimizade dos homens mais poderosos do Estado. Os bonzos e as morenas juraram sua perda; os administradores e os corcundas não o pouparam; tornaram-no suspeito ao bom Nabussan. Os serviços prestados ficam muitas vezes na ante-sala e as suspeitas entram no gabinete, segundo a sentença de Zoroastro: todos os dias, novas acusações; a primeira é repelida, a segunda roça a pele, a terceira fere, a quarta mata.

Intimidado, Zadig que havia conduzido muito bem os negócios de seu amigo Setoc e que lhe salvara o dinheiro, não pensou mais senão em partir da ilha e resolveu ir pessoalmente saber notícias de Astartes. "Pois, dizia ele, se fico em Serendib, os bonzos me farão empalar. Mas para onde ir? No Egito, seria escravo; na Arábia, seria queimado, segundo todas as aparências; em Babilônia, estrangulado. Entretanto, preciso saber o que acontece com Astartes: partamos e vejamos o que me reserva meu triste destino."

Assim Falava Zaratustra
Nietzsche - Ed. 01

A Origem da Família, da Propriedade Privada e do Estado
Engels - Ed. 02

Elogio da Loucura
Erasmo - Ed. 03

A República (Tomo I)
Platão - Ed. 04

A República (Tomo II)
Platão - Ed. 05

As Paixões da Alma
Descartes - Ed. 06

A Origem da Desigualdade Entre os Homens
Rosseau - Ed. 07

A Arte da Guerra
Maquiavel - Ed. 08

Utopia
Thomas More - Ed. 09

Discurso do Método
Descartes - Ed. 10

Monarquia
Dante Alighieri - Ed. 11

O Príncipe
Maquiavel - Ed. 12

O Contrato Social
Rosseau - Ed. 13

Banquete
Dante Alighieri - Ed. 14

A Religião nos Limites da Simples Razão
Kant - Ed. 15

A Política
Aristóteles - Ed. 16

Cândido ou o Otimismo
Voltaire - Ed. 17

Reorganizar a Sociedade
Comte - Ed. 18

A Perfeita Mulher Casada
Stuart Mill - Ed. 19

A Genealogia da Moral
Nietzsche - Ed. 20

Reflexões Sobre a Vaidade dos Homens
Mathias Aires - Ed. 21

A Dignidade do Homem
Pico Della Mirândola - Ed. 26

Além do Bem e do Mal
Nietzsche - Ed. 31

Solilóquios
Santo Agostinho - Ed. 36

De Pueris (Dos Meninos)
Erasmo - Ed. 22

Os Sonhos
Quevedo - Ed. 27

A Princesa da Babilônia
Voltaire - Ed. 32

O Livro do Amigo e do Amado
Lúlio - Ed. 37

Caracteres
La Bruyère - Ed. 23

Crepúsculo dos Ídolos
Nietzsche - Ed. 28

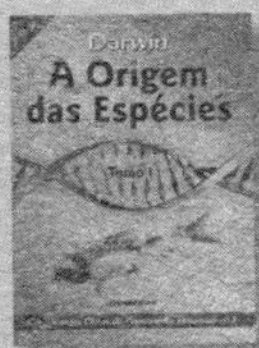

A Origem das Espécies (Tomo I)
Darwin - Ed. 33

Fábulas
Fedro - Ed. 38

Tratado Sobre a Tolerância
Voltaire - Ed. 24

Zadig
Voltaire - Ed. 29

A Origem das Espécies (Tomo II)
Darwin - Ed. 34

A Sujeição das Mulheres
Stuart Mill - Ed. 39

Investigação Sobre o Entendimento Humano
Hume - Ed. 25

Discurso Sobre o Espírito Positivo
Comte - Ed. 30

A Origem das Espécies (Tomo III)
Darwin - Ed. 35

O Sobrinho de Rameau
Diderot - Ed. 40

O Diabo Coxo
Guevara - Ed. 41

Cartas Persas (Tomo I)
Montesquieu - Ed. 46

A Hora de Todos
Quevedo - Ed. 51

O Governo Representativo
Stuart Mill - Ed. 56

Humano, Demasiado Humano
Nietzsche - Ed. 42

Cartas Persas (Tomo II)
Montesquieu - Ed. 47

O Anticristo
Nietzsche - Ed. 52

Ecce Homo
Nietzsche - Ed. 57

A Vida Feliz
Sêneca - Ed. 43

Princípios do Conhecimento Humano
Berkeley - Ed. 48

A Tranquilidade da Alma
Sêneca - Ed. 53

Cartas Filosóficas
Voltaire - Ed. 58

Esaio Sobre a Liberdade
Stuart Mill - Ed. 44

O Ateu e o sábio
Voltaire - Ed. 49

Paradoxo Sobre o Comediante
Diderot - Ed. 54

Cartas Sobre os Cegos
Diderot - Ed. 59

A Gaia Ciência
Nietzsche - Ed. 45

O Livro das Bestas
Lúlio - Ed. 50

O Conde Lucanor
Don Juan Manuel - Ed. 55

A Amizade
Cícero - Ed. 60

Do Espírito Geométrico
Pascal - Ed. 61

Crítica da Razão Prática
Kant - Ed. 62

A Velhice Saudável
Cícero - Ed. 63

Dos Três Elementos
López Medel - Ed. 64

Tratado da Reforma do Entendimento
Spinoza - Ed. 65

Aurora
Nietzsche - Ed. 66

Belfagor, O Arquidiabo
Maquiavel - Ed. 67

O Livro dos Mil Provérbios
Lúlio - Ed. 68

Máximas e Reflexões
La Rochefoucauld - Ed. 69

Utilitarismo
Stuart Mill - Ed. 70

Manifesto do Partido Comunista
Marx e Engels - Ed. 71

A Constância do Sábio
Sêneca - Ed. 72

O Nascimento da Tragédia
Nietzsche - Ed. 73

O Bisbilhoteiro
Quevedo - Ed. 74

O Homem dos Quarenta Escudos
Voltaire - Ed. 75

O Livro do Filósofo
Nietzsche - Ed. 76

A Miséria da Filosofia
Marx - Ed. 77

Soluções Positivas da Política Brasileira
Pereira Barreto - Ed. 78

A Filosofia da Miséria (Tomo I)
Proudhon - Ed. 79

A Filosofia da Miséria (Tomo II)
Proudhon - Ed. 80

A Brevidade da Vida
Sêneca - Ed. 81

O Viajante e sua Sombra
Nietzsche - Ed. 82

A Liberdade do Cristão
Lutero - Ed. 83

Miscelânea de Opiniões e Sentenças
Nietzsche - Ed. 84

A crítica Kantiana do Conhecimento
Leonardo Polo - Ed. 85

O Caso Wagner
Nietzsche - Ed. 86

A Clemência
Sêneca - Ed. 87

Da Uitilidade e do Inconveniente da História para a vida
Nietzsche - Ed. 88

Os Deveres (Tomo I)
Cícero - Ed. 89

Schopenhauer Educador
Nietzche - Ed. 90

Os Deveres (Tomos II e III)
Cícero - Ed. 91

A Filosofia na Época Trágica dos Gregos
Nietzsche - Ed. 92

Impressão e Acabamento:
Oceano Ind. Gráfica – (11) 4446-7000
• 2008 •